旅游投资研究

许南垣　等著

南开大学出版社
天　津

图书在版编目(CIP)数据

旅游投资研究 / 许南垣等著. —天津：南开大学出版社，2008.11(2019.3 重印)

ISBN 978-7-310-03041-5

Ⅰ.旅…　Ⅱ.许…　Ⅲ.旅游业—投资—研究　Ⅳ.F590.3

中国版本图书馆 CIP 数据核字(2008)第 162214 号

南开大学出版社出版发行

出版人：刘运峰

地址：天津市南开区卫津路 94 号　　邮政编码：300071

营销部电话：(022)23508339　23500755

营销部传真：(022)23508542　　邮购部电话：(022)23502200

*

昌黎县佳印印刷有限责任公司印刷

全国各地新华书店经销

*

2008 年 11 月第 1 版　　2019 年 3 月第 7 次印刷

210×148 毫米　32 开本　5.5 印张　155 千字

定价：14.00 元

如遇图书印装质量问题，请与本社营销部联系调换，电话：(022)23507125

前　言

1998年，旅游业被中央确定为国民经济新的增长点，激发了旅游投资的热潮。根据2003年统计数据，中国旅游业吸引海内外投资的总规模已达到8 600亿元。其中，宾馆、饭店等住宿设施投资为6 400亿元，景区景点开发为1 000亿元，旅游车船、文化娱乐、旅行社等1 200亿元。全国已有26个省、市、自治区将旅游业确立为支柱产业、重点产业，调动了各方面旅游投资的积极性。2004年底，中国旅游业吸引海内外投资额总量达到1万亿元。国家旅游局原副局长顾朝曦在2005年中国旅游投资洽谈会上表示，2010年中国旅游业投资总量将累计达到19 000亿元，2020年将超过60 000亿元，在未来五至十五年，中国旅游业投资总量将进入一个快速增长期。

国家旅游局规划发展与财务司在2008年初的公告称，据不完全统计，"十一五"期间，我国计划将建设旅游项目共12 697个，总投资17 834.22亿元，并分析指出我国"十一五"期间旅游投资的新特点与趋势为：第一，旅游投资势头旺盛，增长较快。"十一五"期间全国将开发大型旅游项目12 697个，大型旅游项目投资总额将达到17 888.71亿元，比"十五"期间开工建设的旅游项目总投资8 281.5亿元增长116%。"十一五"期间将是我国旅游投资高峰期，投资规模总量将大大提高。这与我国旅游业正处于发展的"黄金期"和产业的转型升级期的现实情况基本吻合。一是旅游消费需求爆发增长。随着我国国民经济持续、快速、健康发展，人们的旅游消费能力日益增强。到2015年前后，我国人均GDP将达到3 000美元左右，按世界旅游发展规律，当人均GDP达到这一水平时，旅游消费将呈现爆发式增长，这必然拉动旅游投资规模的爆发式增长。二是旅游消费需求对旅游业态提出新的更高要求。我们将经历一个由生产型社会向服务型、消费型社会的转变过程，加快服务业发展战略的实施，旅游业作为服务业中关联度高、带动性强的动力产业，必然率先得到发展。三是旅游进入发展的“黄金期”。四是旅游业的快速发展将带动经济发展和社会进步。第二，在旅游投资主体结构上，社会资本大规模投资旅游业的主体地位不可动摇。“十一五”期间，政府投资在旅游投资总量的占比为17.8%，比“十五”期间的16%提高了1.8个百分点；各类企业投资的占比“十五”期间为60%，“十一五”期间也继续保持这一比重，变化不大；各类银行贷款的占比“十一五”期间也与“十五”期间持平，为13%左右；外商比重由“十五”期间的12%下降为“十一五”期间的7.9%，下降了4个百分点。东、中西部地区政府投资占比变化方向相反：东部地区政府投入占旅游总投入由“十五”期间的40%下降为“十一五”期间的32%，中部地区的政府投入则由原来的16%上升为24.5%，西部地区也由原来的36%上升为38.27%，中部地区上升比较明显。第三，旅游投资流向集中在景区、饭店和基础设施，但区域投资流向差异化明显。在“十五”期间，主要服务于旅游业的基础设施的投入有1 667.12亿元，占投资总额的23%；旅游饭店项目投资1 805.59亿元，占投资总额25%；旅游景区项目投资2 655.48亿元，占投资总额的37%；旅游车船项目、人力资源培训项目、旅游演出项目、旅游购物项目和其他项目投资1 063.7亿元，占投资总额的14.9%。而“十一五”期间，上述四项投资额分别为：3 691.45亿元、3 409.97亿元、8 003.82亿元和2 783.47亿元，占投资总额的比重为：20.63%、19.06%、44.74%和15.46%。“十一五”期间，旅游投资主要集中在景区、饭店、基础设施方面，三者占投资额的84.54%，并以旅游景区投资为主，基础设施的投资比例有所上升，而饭店项目的投资比例有所下降。

改革开放近三十年来，我国旅游投资快速增长，支撑我国旅游业从无到有，逐步发展壮大，实现了从资源大国向亚洲旅游大国的历史性跨越，并逐步跻身于世界旅游大国的行列。但我国旅游投资热潮的背后，投资风险不断增加，投资机制不够充沛、灵活，投资回报不高，投资主体收益增长与宏观经济发展趋势相背离等一系列矛盾也不断暴露出来。

一、旅游投资风险不断增加。旅游投资风险按照投资者能否直接控制可以分为旅游投资的环境风险和旅游投资的内在核心风险。其中旅游投资的环境风险具体包括：政治风险、经济风险、金融风险和自然风险等；旅游投资的内在核心风险具体包括：完工风险、设计风险、管理风险、市场风险等。从我国经济发展的趋势看，越来越多地会受到西方发达国家“中国威胁论”的不利影响，政治风险不断加剧；世界经济动荡、市场利率波动、全球经济一体化趋势将加大旅游投资的经济风险和金融风险；各种自然灾害及疾病频繁发生也会增加旅游投资的自然风险。旅游投资主体的投资前期论证不足、项目投资决策失误、投资创新观念不强等因素将进一步加大旅游投资的内在核心风险。

二、投资回报不高。在对我国旅游上市公司与全部上市公司以及三种类型的旅游上市公司进行经营业绩比较研究后，可以看出旅游上市公司 1999 年的业绩低于全部上市公司。景点类业绩最好，综合类次之，酒店类最差。对旅游上市公司经营业绩的研究(2005 年)，也得出了上述结论。以旅行社行业为例，我国旅行社在 1992 年、1993 年、1994 年、1995 年的平均净资产收益率为 13.02%、11.07%、12.1%、8.98%，到 1998 年已接近微利，仅为 1.33%，2001 年有所上升为 3.09%，但 2004 年又下降到 0.71%。而我国证券业平均净资产收益率：1997 年为 27.78%、2000 年为 36.81%、2006 年为 12.87%、2007 年为 14.71%，远远高于同期旅行社行业的净资产收益率。近几年来，我国旅游行业的人均利润、营业收入利润率和旅游收入利润率等财务业绩指标一直表现颓势。

三、投资结构不合理。投资结构的不合理表现在投资上的四重四轻：(1)重经济效益，轻社会效益和生态效益。投资主体不关心旅游资源的建设、开发和保护，从而出现不合理的利益分配格局。(2)重旅游接待服务设施建设，轻旅游基础设施的建设。由于旅游基础设施投入产出比低，投资回收期长，无法形成投资——增值——再投资的良性循环，资金紧张的局面得不到缓解。长期以来，全国旅游基础设施建设显得滞后，在许多旅游景区景点甚至出现“上厕所难”的问题。(3)重住宿设施建设，轻其他接待服务设施的投入。在旅游接待设施上，投资主要集中于旅游饭店业，到2003年底，宾馆、饭店等住宿设施投资规模为7 000亿元，占投资规模的75%，而景区景点开发投资仅占12%，其他旅游服务接待设施的投资严重不足，甚至被忽视。在宾馆、饭店的投资中，重高星级酒店建设，忽视中低档住宿设施的投资建设，如家庭旅馆、宿营地、青年旅舍等有特色、质优价廉的饭店的建设。这就造成了旅游接待设施不配套、住宿设施建设规模过分超前、客房出租率低、经济效益差。(4)重短期经济效益，轻长远的资源深层次保护与开发。旅游投资在景区景点上的开发规模小、内容单调、参与性低、盲目跟风多、创新创意少。旅游资源的开发利用程度不高，长期保护投资不到位。旅游投资结构的不合理，制约了旅游业发展的后劲。

四、旅游投资的资金来源渠道不够丰富。旅游投资主要依靠政府投入和企业的直接投资来源，较少利用资本市场资金来源和其他创新型的投资来源。我国尚未建立旅游专业投融资的机构，在利用政府间和国际金融机构的资金、援助方面基本处于空白。随着旅游项目的大型化、区域化，旅游业的单体投资规模相应增大，单一的资金来源往往难以完成大型旅游项目的投资。由于没有相应的产业发展基金或投资基金，无法将分散的投资集中起来，规模投资能力和投资效益相对较差。总之，旅游投资没有形成真正意义上的自身的资本运作和外部资金投入产业的良性循环、自主发展的体系。

鉴于以上原因，由云南财经大学旅游学院院长许南垣教授和普国安副教授、陈永飞副教授、吴杰副教授、钱必钧讲师合著了《旅游投资研究》一书，从旅游投资一般理论分析、旅游投融资决策分析、旅游投资效率分析、旅游投资环境分析、旅游投资业态分析、旅游投资战略分析、旅游投资模式分析、旅游投资机制分析等方面作了积极的探索。其中：许南垣负责全书构思与策划、统稿及总纂，第一、五、七、八章;普国安,第二章;陈永飞,第六章;吴杰,第三章;钱必钧,第四章。在撰写中查阅并参考了相关书籍和报刊资料,在此特向相关作者表示谢意,并将主要参考文献附录于后,便于读者查阅和进一步学习。

同时,云南财经大学旅游学院硕士研究生赵健、刘静霞、王小会做了大量的资料收集和文稿整理的工作,班先海先生在后期制作及文稿整理工作中付出了辛勤的劳动,在此一并表示衷心感谢!

本书的写作得到云南财经大学党委书记、博士生导师罗明义教授的大力支持。

本书的出版得到了南开大学出版社的关心和支持,特别是孙淑兰老师对本书撰写给予了精心指导和帮助,特此表示衷心感谢。由于作者水平和能力有限,书中有不当之处,敬请读者批评指正。

许南垣

2008 年 6 月于云南财经大学成蹊楼

目　　录

第一章　旅游投资及项目一般理论分析

旅游投资是一个国家或地区旅游经济发展必不可少的前提条件，也是旅游业实现扩大再生产的物质基础。

第一节　旅游投资的一般概念

旅游投资是指旅游企业为获取所筹集资本的增值，而将资本投入到特定旅游项目中，以经营某项旅游事业的经营行为。它包括旅游业发展的基础设施的新建、改建、扩建和购置等活动，也包括购买股票、债券和以联营方式向其他单位投入资本等活动。

广义的旅游投资理念是指旅游经济主体为获取预期效益，投入一定量的资金（资本）而不断转化为资产的经济活动。这一含义表明了旅游投资主体、旅游投资目的、旅游投资方式和旅游投资行为过程的内容及其内在联系。旅游投资主体有多层次和多种类型，一般为直接从事旅游投资的各级政府、企业、事业单位、金融机构、其他经济实体和社会团体、个人及外国投资者；旅游投资目的是获得预期效益，包括经济效益和社会效益等；旅游投资方式可以是直接投资，也可以是间接投资，另外还有其他投资方式，如风险投资等；旅游投资行为过程，即旅游投资的实施、使用、回收等经济行为。

收益性和风险性是投资的两大基本特征。任何一项旅游投资的主要目标都是未来获得收益，预期收益的多寡是旅游投资者决策的主要依据，而任何一项旅游投资的未来收益都是不确定的，存在着风险。

第二节 旅游投资的分类

旅游投资可以从不同的角度分类,分类的目的在于寻找不同类型投资的特点和规律,以便于更好地作出投资决策。

一、按旅游投资的性质划分,可以分为旅游实业投资、旅游证券投资和旅游产权投资

(一)旅游实业投资。是指将资本投放于特定的旅游经营项目,以形成满足需求的供给能力。如建造基础设施、购置机器设备、技术改造等劳动资料的投资,购置原材料、燃料、动力等劳动对象的投资,职工的培训、教育、职业训练等劳动力的投资。

(二)旅游证券投资。指将资本投放于各种旅游债券、旅游股票、旅游基金等有价证券,以获取收益或控制效应等。对于一个旅游企业来说,证券投资有助于增加收益和拓展生存与发展的空间。

(三)旅游产权投资。指以产权为对象的投资。旅游实业投资的投资要素是劳动力、生产资料、技术和信息等,证券投资的对象是各种有价证券,而旅游产权投资则是以旅游实业投资要素的部分或整合集合为投资要素。旅游产权投资的主要形式有兼并、收购、参股、控股等,它是资本运营中的主要分类。

二、按旅游投资回收期的长短划分,可以分为长期旅游投资和短期旅游投资

长期和短期的界定是相对的,关键的差异在于其性质和目的。长期旅游投资一般指不能够或不打算随时变现的投资,它包括固定资产投资、长期有价证券投资和联营投资;而短期旅游投资一般指具有高流动性,目的在于充分利用闲置的资金以创造更多收益的投资,通常包括短期证券投资。

三、按旅游投资的风险程度划分，可以分为确定性旅游投资和风险性旅游投资

任何旅游投资都会有风险，差别仅在于风险的大小和可控程度。确定性旅游投资是指风险较小、未来收益可以准确预测的投资，这类投资在决策时可以不考虑风险；风险性旅游投资是指风险较大、未来收益难以准确估计的投资。在进行决策时，应注重风险的研究，并采用相应的方法加以防范，以作出正确的决策。

四、按投资发生作用的地点和资本增值的方式划分，可以分为对内旅游投资和对外旅游投资

旅游投资主体占有的资本的增值渠道，不外乎通过内部的生产经营而获取利润和向外部让渡资本的使用权而获取租金、利息、股利等两种方式。从旅游投资来说，则可以分为对内旅游投资和对外旅游投资。旅游投资主体对内投资是指把资金投入到企业内部的生产要素，以形成生产力；旅游投资主体对外投资是指将资本投入到旅游投资主体外部的债券、股票或其他企业等，其目的是获利或控制其他企业的经营。

五、按旅游投资是否跨越本国国境划分，可以分为境内旅游投资和境外旅游投资

境内旅游投资是指投放到本国以获取收益的经济行为，投资者可用实物和无形资产在国内投资兴办旅游企业，或以货币形式购买政府、金融机构和公司发行的债券，或在资本市场上购买股票。境外旅游投资是指投资者将其资本投放到本国之外以获取收益的经济行为，旅游投资者可以用外汇、实物和无形资产向境外投资办旅游企业，也可以用外汇购买外国政府、金融机构和公司发行的债券或外国公司的股票。境外旅游投资的目的主要是为了获得高额利润，增加外汇收入，维护和扩大国外市场，充分利用现有设备技术，开发和利用

国外自然资源，收购和控制外国公司，取得和利用国外先进技术和科学管理经验以及分散和减少风险等。

第三节 旅游投资的基本原则

旅游投资对投资的资本保值和增值具有重大影响，优化旅游项目投资决策必须遵循一定的原则。

一、利益兼顾的原则

企业作为整个国民经济的细胞，企业的持续发展是一国经济持续发展的前提。而从经济的角度来说，任何经营行为都具有外部性，外部性具有正、负两方面的效应。从正的效应来说，如增加旅游业投资、带动相关产业的繁荣等；从负的效应来说，如污染、生态破坏、非理性竞争等。因此企业在作出投资决策时，应注重外部性的研究，注重企业利益服从社会利益，局部利益服从全局利益，眼前利益服从长远利益。

二、兼顾外延和内涵两种扩大再生产方式的原则

外延扩大再生产是指增加人力、设备的投入，新增生产能力以扩大生产规模；内涵扩大再生产是指挖掘企业自身现有的生产能力，在不增加人力、物力、财力投入的情况下，提高生产能力和效益水平。外延扩大再生产主要以扩建和新上项目为主，内涵扩大再生产主要以技术改造和更新来完成。在我国当前资金紧张的情况下，旅游投资主体应注重内部挖潜，苦练内功，以效益促发展，以效益求生存，注重内部扩大再生产。

三、结构优化和配套的原则

任何生产能力的正常发挥，必然要求劳动资料、劳动对象和劳动的有机结合及相互适应。如果技术水平极高，而工作的生产素质和技

能达不到要求，生产肯定是不能正常进行的。这在客观上就要求旅游资本的投入必须在三者之间合理分配。如果结构失衡，必然会影响效益的发挥。

四、适应多样化经营的原则

按照投资组合理论，多样化投资可以分散和降低经营风险，从而稳定收益水平。然而如果把旅游资本作为一种新资源来看待，旅游资本的增值又会受到规模经济效应的约束。在一定时期内旅游投资、经营企业所能筹集和运用的资本是有限的，这就决定了旅游投资、经营企业投资应以一业为主，在满足基本经营的资本需求之后，在资本充裕的条件下再注重多样化经营，以降低风险。此外多样化经营会要求更高的管理水平和运筹能力与之相适应，在旅游投资、经营企业的管理水平未提高到一定程度时，盲目多样化经营不仅不会得到分散风险的效应，反而会影响企业的正常经营和获利。

五、以人为本的原则

人是各生产要素中最活跃和能动的因素，只有注重人才的投资和储备，才能使旅游企业的资本增值有充分的保障。这就要求旅游企业在投资过程中，不仅要注重生产性的投资，更应注重对人的教育、培训，提高员工素质，激励员工的创造性和积极性。时刻以人为本是投资中应注重的一个重要原则。

六、企业自主的原则

在社会主义市场经济条件下，旅游投资的主体应是企业，强化企业的投资自主决策权尤为重要。改革开放以来，我国政府对旅游投资体制的改革已经取得了实质性的进展。

（一）明确了政府和企业在投资体制中的职责范围，政府主要投资于公益性项目和部分旅游基础设施项目，一般不对旅游竞争性项目进行直接投资；旅游企业是竞争性项目的投资主体，对项目立项、筹资、建设、经营负全部责任。

(二)在扩大旅游投资审批自主权的同时,对项目进行了重新分类。对旅游竞争性项目将以登记备案制代替项目审批,实行项目法人责任制和资本金制度;垄断性基础项目改为专家评议制;政府选定的项目,推行项目法人公开招标制。国家在密切结合产业政策的前提下,按产业性质和特点,把所有项目划分为鼓励、允许、限制和禁止四大类,属于鼓励之列的下放审批权,而对限制项目严格审批。

(三)国家对固定资产投资的宏观调控,将从直接控制规模转到利用货币、财政和税收政策进行间接管理,用产业政策和经济信息进行引导。在国家进行投资体制改革的同时,作为旅游资本运营主体的企业必须转变观念,树立自主投资、自负责任、自担风险的投资意识。

第四节 旅游投资项目的概念与分类

旅游投资项目按照广义上的理解,就是指在某一地点,通过投入一定力量的人力、物力、财力和技术,在预定的时间和空间内,为完成一项或一组开发目标(包括产品开发)来达到预期的效益目标(包括经济效益、社会效益)而进行的投资建设(包括固定资产在内)活动。

旅游投资项目相对于工业、农业、能源、地产、商业等项目有很大的区别,主要表现在旅游投资项目平均规模较小、投资前景好、收益时间长、行业进入门槛低等特点。

作为旅游投资的客体或投资对象,旅游投资项目是投资项目的一种特殊形式,也是一项复杂的、具有相当规模和价值的、有明确目标的一次性任务或工作。为了促使旅游投资项目的决策更加科学化、合理化,对旅游投资项目的基本概念与主要特点必须进行初步的了解。

一、旅游投资项目的概念

一般来说,旅游投资项目是指在一定时间和区域内,为完成某项

(或一组)旅游开发目标,按照一个独立的总体设计规划进行投资的各单项工程的总和。包括三个方面的具体含义。

(一)在一个总体设计或项目内,由几个互有内在联系的单项工程所组成,建成后项目归属在经济上可以独立核算的、行政上可以统一管理的建设单位。因此,在进行投资时不仅仅是能够单独考核投入物质产出物,而且能计算其效益和费用的项目,均可视为一个投资项目。就是说,既可将一个独立的单项工程视为一个投资项目,也可将那些费用和投资项目紧密相关、由若干个单项工程项目组成的“项目群”形成的有机综合体作为一个旅游投资项目。

(二)在总体设计中体现旅游开发目标。如果某旅游投资项目建成后虽然对旅游发展有促进作用,如以防洪、发电和交通等给定效益为目标的三峡水利枢纽工程,但由于此项目完全没有体现旅游开发目标,不能视其为旅游项目。反之,如果某项目体现了旅游开发目标,即使其不完全以提供旅游服务为目的,如大连自然博物馆的迁建项目,也视其为旅游项目。

(三)能够形成旅游基础设施和配套设施等有形资产以及商标、商誉、技术专利和许可证等无形资产。旅游投资项目的开发过程就是将一定量的资金直接用于构建固定资产和流动资产,形成实物资产和非实物资产并能产出具有价值和使用价值的产品或服务。

二、旅游投资项目的特征

投资旅游与投资工业、能源、高科技、房地产等有很大的区别,这是由旅游产业和旅游产品的特殊性决定的。总体来看,旅游投资项目有五大特征。

(一)高投入与持续回报的投入产出特征

旅游业的进入与退出从原来的低门槛逐渐发展到目前的中、高门槛,预计未来旅游投资的门槛会进一步提高。门槛的提高是由于进入性投资的加大、竞争加剧及竞争环境的国际化。

对于旅游投资项目而言,高额度的资本投入,并不能产生快速的回收，因为旅游业是一个持续回报的长效投资产业。这对于中国的民营资本来说，非常难于接受，因为他们已经适应了快速投资、快速回收的短、平、快投资理念。

旅游投资涉及项目的综合性、复杂性、服务性，由于旅游产品的创意空间很大，因此，结合资本投入力度、回报率要求等投资商自身因素，就形成了旅游商业模式上的巨大差异。这就形成整个旅游投资中所谓“四两拨千斤”的杠杆作用。

旅游投资项目的长期性和慢回报性，往往在招商引资过程中成为投资商考虑的关键问题。

(二)旅游产业链延伸及整合与多产业复合性整合特征

目前，旅游项目投资已经不再限于单一项目，而是着眼于区域性、项目复合型的整体投资，要求延伸和整合旅游产业链，要求国民经济各产业的相互支撑和融合，以寻求经济效益、社会效益和生态效益的最大化。

改革开放以来，旅游产业链的延伸与房地产、小城镇、各种景观、新兴业态紧密结合，产生了巨大的、整体的互动效应，出现了“大旅游产业”蓬勃发展的新局面。其中，旅游房地产、城市游憩商业、旅游小镇、现代观光业和休闲娱乐业的发展，充分说明以旅游业为依托的经营城市的理念和运作对于加快发展、提质增效具有较大的意义和作用。

(三)旅游资源的资本化、市场化运作存在制度和法律约束

旅游投资往往是长期投资，在当今游客对旅游产品要求不断提高的前提下，旅游产品的开发已经形成高投资和高回报期较长相结合的特点。

旅游资源最基本的是人力资源和自然资源。由于历史的原因，这些资源开发与保护在市场经济条件下出现了一些矛盾，而现行的法律制度从某种意义上说尚不完备，客观上形成了特有的制度障碍，比如没有将资源资本化，银行的抵押贷款等没有法律依据，影响企业上市和各种资本的有机合作。这就会造成连锁反应，影响股份制的构建

和运作，延缓旅游产业的健康发展。因此，应对旅游资源的保护与开发和经营权实行两权分离，加快推进旅游资源资本化的进程，以实现资本的效应。

在旅游资源经营权上，我们可以细分为三项权益：

1. 管理权：进行经营管理的权力。

2. 门票收益权：经营收益的核心利益。

3. 开发权与招商权：按照规划进行自主开发或招商开发的权力。

（四）对环境的高度依托性

旅游投资项目紧紧依托于经济环境、社会环境和生态环境，具有依托性强的特点。

1. 旅游投资项目受经济环境依托。旅游投资项目受经济环境依托包括两个方面：一是指受旅游市场依托，也就是受旅游资源市场和旅游客源市场的双重影响。二是受旅游产业依托。饭店业、交通业和旅行社业三大旅游支柱产业互相依赖、相辅相成、共损共荣。经济环境的优劣决定着旅游投资的可行性，国家和区域的经济发展状况、财政收入、物价水平、居民生活水平等都是影响旅游投资的重要因素。

2. 旅游投资项目受社会环境依托。旅游投资项目受社会环境依托是指受旅游政策、旅游法规、文化氛围与和平稳定的环境影响。国家对旅游是否实施倾斜政策和优惠政策，旅游法律法规是否健全，社会对传统文化和民族文化的态度，国家的国防安全态势和公民受教育程度等都是影响旅游投资的重要因素。

3. 旅游投资项目受生态环境依托。旅游投资项目受生态环境依托主要是指受地理位置、资源分布状况和环境污染状况的影响等。

（五）外部性特征明显

旅游业的综合性效益决定了旅游投资项目具有外部性明显的特点。

旅游投资项目的外部效用表现在经济方面，能促进地方经济发展、创造就业机会和增加外汇收入等；表现在社会方面，可引导城市的文化定位，改变人们的生活方式和价值观念、宗教信仰等；表现在环境方面，将对生活环境和动植物造成影响。

三、旅游投资项目的分类

根据以上的分析结论．结合《2006 年中国旅游投资报告》，可以对未来的旅游投资项目作下列分类。

(一)旅游度假产品

2005 年，我国人均 GDP 已经超过 1 700 美元，沿海发达地区多数已超过3 000美元，如上海人均 GDP 已达到6 400美元，宁波达到4 800美元。今后相当一段时间，滨海旅游、湖泊旅游、温泉旅游、康体旅游等度假产品的市场需求将大幅度增长，这些产品对投资的需求也将随之大幅度增长，这些领域可成为旅游投资者选择的重要方向。

(二)生态旅游项目

据介绍，除已经开发的生态旅游景区之外，川滇藏香格里拉生态旅游区、新疆喀纳斯生态旅游区、武陵山生态旅游区(湘鄂黔渝三省一市)、武夷山生态旅游区(闽赣)、四川黄龙九寨生态旅游区、四川卧龙生态旅游区、河南伏牛山生态旅游区、贵州赤水河生态旅游区(包括四川泸州、重庆綦江及万盛)、贵州六盘水生态旅游区、广西十万大山生态旅游区、宁夏沙湖生态旅游区、吉林长白山生态旅游区、黑龙江扎龙生态旅游区、山东黄河口生态旅游区、江西鄱阳湖生态旅游区等都需要吸收大量的投资。

(三)乡村旅游项目

今后一个时期，传统村落文化旅游、民族民居旅游、草原牧场旅游、“农家乐”、高科技农业园区、农业主题公园以及以乡村风光为背景的会议度假区等乡村旅游产品的开发，将是乡村旅游的重要投资方向。

(四)户外运动旅游项目

温泉旅游产品、山地旅游产品、滑雪旅游产品、综合康体活动设施、水上和水下活动基地、汽车及摩托车运动场地等多样化的户外活动设施和场地的建设，将成为未来旅游投资的重要方向。

(五)宾馆饭店项目

今后,大中城市的高档星级商务酒店建设、重点旅游城市的旅游饭店建设、中西部地区旅游接待设施的新建和改造,以及各类主题酒店、经济型酒店、会议酒店、度假酒店等专题酒店的建设,将是宾馆饭店领域的重点投资方向。

(六)旅游商品开发项目

旅游商品涵盖的领域十分宽广,从高档的电子产品到普通农产品,都可面向数量众多的旅游消费者。“小商品、大市场、便携化”是其主要特征和要求。旅游商品涉及的农产品、玩具、服装、手工艺品等大多是劳动密集型产品,原材料来源十分丰富,而且我国还有丰富的精美的民族文化产品可供开发,只要抓好设计、制造和市场推广,我国旅游商品的前景是非常广阔的。

(七)旅游新业态项目

近年来,随着我国旅游个性化趋势的增强,出现了一些有别于传统旅游模式的新业态,比如高尔夫旅游、自驾车旅游、游艇旅游、邮轮旅游等。这些新业态将是我国旅游业发展水平提高的标志。它们的出现也对相关旅游装备制造和场地设施建设提出了新的要求。投资相关的装备制造和场地建设,是未来旅游投资的重要方向。在若干年内,新型旅行车制造和配套营地的建设,游艇、邮轮制造和码头建设,以及旅游直升机及其他观光航空器的制造都将成为旅游投资的重要领域。随着科技的不断发展,我国还会出现一些新的旅游业态,总有一天,中国的航天旅游也会出现。

(八)旅游古镇、旅游古城、旅游古村项目

目前,我国待开发的“三古”旅游项目还有很多,这些项目有的是传统文化、独具特色的地域文化和民族文化的重要载体,本身就极具旅游开发价值;有的紧邻著名景区(点),旅游开发条件优越。同时,在我国的“三古”旅游项目发展中还存在“硬件不硬、软件更软”,“三古”旅游项目旅游服务水平跟不上我国旅游业发展步伐,旅游服务质量改善跟不上广大游客和旅游市场快速发展的需求等问题。这些都是

“三古”旅游项目需要重点投资建设的地方。

四、旅游项目投资方式

改革开放以来，我国新一轮土地政策下的旅游业发展出现了新困境：国家出台的一些宏观调控政策将提高房地产开发的成本，来自行业内部的竞争也愈发激烈，这些都给旅游地产项目的发展带来巨大的威胁。虽然“三古”旅游项目作为新兴的旅游业态受到了海内外游客的普遍欢迎，也成为广大投资商获取土地资源的主要渠道，但是较长的建设期与城镇用地价格的上涨，也对投资商形成了一定的风险。归根结底，海内外旅游投资商要想在中国旅游市场获得更长远的发展，并保持股东利益的最大化与持续化，如何获取优势资源、培育优质资产就成为核心问题。

在中国当前的制度环境下，资产扩张方式可以从有形资产的扩张开始，通过产权关联，将不同的市场行为主体转换到同一经营组织之中，避免市场竞争中的无序行为，实现企业组织规模的扩张。在此基础上，把无形资产的扩张作为有形资产扩张的后续手段和补充形式。根据上述分析，在中国进行旅游项目的投资，可以充分利用资金方面的优势，把握住交通、住宿、景区景点等关键环节，建设精品项目，进行规模化、专业化的开发运营，形成品牌效应，并用品牌开拓市场，进行资产渗透，逐步向外围扩大经营规模，建立以资产关联为纽带的产业组织结构，形成以基本需求要素为依托的项目竞争优势，扩大利润增长的空间。

这涉及旅游项目的两个基本的投资方式：

1. 增量项目。即企业进行的新增投资，主要是新建项目。

2. 存量项目。指对企业现有资产（以前投资形成的资产）所进行的运筹和经营活动，即通过企业联合、兼并、收购、出售、资产剥离、企业分立、股份制、租赁、承包、破产等方式，促进存量资产合理流动、重组和优化配置，把存量资产盘活，充分发挥作用。

综观中国旅游投资的发展过程，旅游投资在旅游各要素中投资流向比较单一，大多停留在建造饭店、开办旅行社、开发旅游景区等少数领域，对其他的领域涉及较少，达不到覆盖旅游的整个产业面、渗透整个产业链的市场需求。因此，无论是从宏观层面还是微观层面，都亟待从新建项目、并购项目两个角度进行深入、科学地研究和探索。

第二章　旅游投资环境分析

旅游投资环境，指在一定时间内，旅游行业所拥有的影响和决定旅游投资运行系统健康成长并取得最优预期效益的各种主客观因素的有机复合体。围绕旅游投资活动的所有影响因子及其组合方式都是旅游投资环境研究的内容。

进入 21 世纪，随着我国政治、经济、社会的快速发展，旅游投资环境得到了极大的优化，对旅游投资产生了积极深远的影响，无论是旅游投资的数量，还是旅游投资的规模、旅游投资的结构等，都保持了旺盛增长的态势，投资水平也在不断提升，机遇大于挑战。

旅游投资环境是一个复杂的大系统，不仅因国别不同而不同，即使在同一个国家同一地区也会随时间变化而变化。因此在分析旅游投资环境时，不仅要考察旅游投资的过去和现在，还要估价旅游投资环境将来可能发生的变化。要把投资环境中容易发生变化的因素（主要是政治局势和经济形势）集中起来，分析其变动趋势及其变化的可能性，确定这些变化在一定时期内（如投资项目的回收期内或赢利高峰期内）对投资活动带来的风险大小以及对投资效果可能带来的影响，并采取相应的对策。旅游投资和其他投资虽然有其共性，但由于旅游业本身的特点使旅游投资有别于其他领域的投资。

随着社会经济的发展，我国旅游业已成为全球经济中发展势头最强劲和规模最大的产业之一。旅游业在城市经济发展中的产业地位、经济作用逐步增强，旅游投资对城市经济的拉动作用越来越显著，对国民经济发展的作用也日趋重要。

第一节　旅游投资国际化环境分析

加入WTO以后，中国旅游业的开放度进一步提高，国际化进程进一步加速，国际旅游市场更加广阔，特别是国际旅游业的稳定增长，东南亚地区经济发展与旅游业发展在世界经济的格局中日益居于重要地位，促进和带动中国国际旅游业的更大发展。但是中国旅游业要在世界上真正站稳脚跟，并且取得持久快速的发展，还必须真正解决旅游投资国际化问题。要使我国旅游投资上规模、有影响、持续增加，就要调动人们的投资热情，实现旅游投资的多元化、有序性。在实现旅游投资的多元化、有序性的过程中，建立规范的旅游投融资国际化环境就具有特别重要的意义。因此，如何建立旅游投资的国际化环境，是我们在新的历史发展时期旅游投资的首要工作，旅游是我国对外开放最早的行业之一，在这方面我们有些很好的经验和做法可以总结，尤其是在旅游投资方面，有许多成功的范例。目前，我国许多地区在营造投资国际化环境的过程中，做了相当细致的工作，也有较大的收获，但就全国而言，参差不齐，标准各异，过于强调区域特色。我们认为，必须建立旅游投资国际化环境的统一标准，而要建立统一的标准，应该从以下几方面入手。

一、积极营造旅游产品投资的国际化环境

在进行旅游投资区域规划建设时，必须按照国际化旅游标准的要求进行设计，对进入旅游区域进行投资的企业和个人按照国际化标准进行服务，对旅游基础设施、设备和辅助设施的国际化配套服务功能进行建设；按照国际化标准，对各具特色的旅游资源进行产业设计与配套建设；加强与国际旅游组织和各国旅游企业的投资协商和合作，特别是加强同旅游发达国家的有影响的各类企业的合作；加快实现国际旅游信息服务体系的建设，制作和定期发布旅游投资信息，让世界各国有兴趣来我国进行投资的组织和个人，充分了解我们的

各类旅游投资信息。

二、努力推进旅游企业国际化建设

加快培育我国旅游市场主体，鼓励我国的旅游企业进行规范运行，是旅游投资国际化环境的组织条件。已经上市的公司，必须按照我国《公司法》的要求，对企业进行重组，做到真正意义的国际化标准。没有上市而正在准备上市的旅游企业，在进行上市融资时，不要仅仅通过在国内联合、兼并、收购等方式进行资产重组而上市，要放眼世界，通过和世界有影响的组织合作，组建具有国际区域性、专业性的旅游集团和专一的旅游投资公司。积极引导具有国际竞争力的外国旅游企业到我国进行各类旅游产品及基础设施的投资。

大力扶持我国中小企业向专业化方向发展，促进旅游市场的合理分工，保证旅游市场环境的健康，保证投资者的利益。健康的旅游市场环境和健康发展的旅游中小企业，对外来投资者才会有吸引力。

要积极引进境外有实力的旅游企业投资我国旅游经营要素的建设，逐步建立起透明的政府调控市场的投资规则、用科学引导外国企业进入我国投资、以达到建立符合国际惯例的旅游产业发展的投资模式。

加大旅游市场开放力度，是旅游产业可持续发展的根本，也是吸引国外有实力的大企业、大集团进入我国旅游业进行投资的条件，通过市场化建设，给旅游市场注入活力，使投资国际化环境进一步优化；积极制定外商旅行社投资细则，积极鼓励兴办中外合资旅行社、外商独资旅行社，让更多的外资进入到我国旅行社市场，给旅游市场增添活力；积极在旅游景区(点)进行所有权与经营权分离的改革，在保证主权的前提下，鼓励和支持外国企业兴办旅游企业或参与国有旅游企业整合和改造。

积极探索我国旅游产业发展基金的运作模式，特别是加强如何创立旅游风险投资基金的研究，为我国旅游业发展较好较快地走出一条规范的投资道路。旅游投资环境国际化发展要求注入一定数量的国际化的资本，这样才能加快推动我国旅游业的国际化进程。

三、积极推进旅游投资管理国际化

真正转变政府职能，尤其是要明晰政企职责，完全实行政企分开，把各级旅游管理部门的力量集中到宏观产业指导上来，这对我们的行政管理者不只是一件简单的管理观念的转变问题，也是利益的调整和组合。我们知道，只有真正改革和完善各级旅游管理人员的选拔、任用制度，实现用人方式的根本性变革，才能达到提高旅游投资的管理水平。

改革投资过程的行政审批制度，规范投资过程的审批行为，增强投资的政策的透明度和公开性，完善旅游投资行业的国家标准和地方标准的制定和实施，为旅游业的发展提供良好的投资管理环境。旅游投资管理水平的国际化，必须依赖于旅游服务人才的培养，通过旅游投资管理的国际化，培育良好的国际旅游投资环境氛围。建立一批旅游信息咨询、旅游企业及旅游人才交流等方面的旅游中介机构，为政府投资管理提供好的建议，当好投资行业管理的助手，为世界各类企业和个人投资我国旅游业提供优质服务，并使之成为投资咨询行业的自律主体。

四、全方位推进旅游投资服务国际化

建立健全符合国际投资惯例的旅游投资行业服务质量标准体系，规范旅游投资服务质量工作流程，实行旅游投资服务质量标准化、规范化管理；做到以人为本，围绕投资者的需要，提供充满个性化的优质服务；通过我国的各类学校和培训机构创新旅游投资培训思路，着眼于提高旅游企业高级投资管理人员的综合素质，建立起一支具有国际投资管理水平，熟悉国际旅游投资及服务业行规、法规、操作模式的高级投资管理人员队伍；结合国际化服务的需要，认真进行旅游投资从业人员的业务技能和职业道德培训，提高全行业人员的投资意识和服务水平。

五、加快旅游投资主体多元化建设

从全局看,国家要制定更加优惠有效的投融资政策环境,营造较为宽松快捷的政府投资服务环境,鼓励各种形式的投资主体对旅游业进行投资,实现旅游投资主体多元化,进一步努力拓宽旅游投资渠道,使旅游投资渠道多样化。

六、建立更加符合国际规则的运营机制

旅游投资有一个从设施建设到经营秩序逐步发展的过程。我国旅游饭店的建设发展历程,就是广泛利用海内外各界资金,从硬件建设到软件管理实现全面提升。虽然海内外各界资金进入我国旅游市场,加剧了我国旅游市场竞争,但同时也以更加规范的方式对酒店行业的资金运作产生明显的示范效应和深远的影响,现在我国的酒店业的发展和运行已经比较符合国际规则的运营机制,特别是高星级酒店,基本上实现了同国际接轨,加速了我国酒店行业素质的全面提升,从而形成行业发展的良性循环机制。

第二节 旅游投资法律环境分析

上个世纪八九十年代,我们吸引投资的主要手段是政策,税收和土地出让的优越条件成为那个时期宣传投资环境的核心内容,但随着国家法律制度的不断完备,政策性的优惠余地已经越来越小。我们也渐渐发现,真正理性的投资者已经不再过于关注地方政府的优惠,相反,安全、规范、秩序的法律环境已经成为投资者最为看重的投资环境要素。法律环境是旅游投资环境中最具有决定性和影响力的重要因素,它反映了东道国通过有关法制和立法所体现的对国内外投资者的立场和态度,尤其是对外国投资者期待的利益可能给予的影响。旅游投资的法律环境包括法律秩序的稳定,法律制度的完善性、稳定性、连续性,公职人员严格执法、自觉守法的情况,以及人民群众

的法律意识、法制观念等。市场经济是法制经济，要利用市场机制广泛吸引社会各界资金，就要从法制建设入手，把法规建设和标准化建设作为旅游中的突出工作来抓，抓紧修订不适应市场经济要求以及不符合国际惯例的有关政策法规，尽快填补旅游法制的空白区，完善旅游标准化体系。

当今的中国旅游业.已经成为对资本最具吸引力的行业之一。如果投资者能够认识、了解、洞察在中国投资过程中各环节隐含的风险因子，结合中国的特殊情况，加以分析考虑，运用科学的风险管理方法，完全可以有效地将风险因子控制在休眠状态，避免法律危机的实际发生，使其在旅游投资中获得应有的目标收益，从这点上讲法律风险本身并不可怕。可怕的是投资者面临投资风险而不自知。对投资风险的认识与洞察是安全投资之路的开始，中国旅游业的特殊法律环境隐含的风险因子是否转化为投资商投资中的实际风险，有赖于投资者对我国旅游投资风险因子的认知程度和对待方式。这其中风险认知又是首要的。投资者对一国投资环境的评价标准，不再局限于鼓励性的优惠政策，转而注重投资环境的整体质量，特别是法律环境是否良好，投资者的权益是否能得到有效保障。

旅游投资法律环境一般包括四个方面的内容：立法和规范性文件的制定、行政执法、司法的公正与效率和社会法律意识水平。

一、立法和规范性文件的制定

我国的旅游立法从狭义的立法上看多以暂行条例的形式出现，从广义的立法上看法律法规是比较多的，虽然是经全国各级人大审议通过的，但是由于立法的初衷不是从全行业出发的，而是部门利益的结晶，导致法与法之间权限重叠，或权限不明，出现了分散立法、越权立法、法出多门的局面，产生了规范分散、规定交叉、内容重复的缺陷。旅游立法内容陈旧，可操作性差，已经成为旅游立法中最突出的问题。旅游立法关系到国家的整个资源环境法律体系，森林法、公司法、自然资源保护法、环保法、劳动法、反垄断法等都与之相关，而我国的旅游法律法规多年处在“缺位”之中，各个不同时期、不同部门的法律的不协调在所难免，使投资者在利益受到伤害时，由于旅游法规与其他部门的有关立法常常发生矛盾，而受到不同程度的伤害。因而现行的旅游立法严重滞后，不利于集中、明确、稳定地体现国家的旅游政策，常常使投资者感觉旅游法律、法规和政策边界模糊与多变，严重地影响了旅游投资环境。

因此，规范与健全旅游立法迫在眉睫，应该让投资者明确知晓旅游业及政府各部门的主要职能界定、办事程序和依法行政的工作情况，提高各类旅游投资主体对国家旅游政策、地方旅游经济政策和旅游管理行为的可预见性，要实现这一目标，务必抛弃暗箱操作，加快建设和规范旅游立法工作进程，才能让投资者放心投资。在规范的立法没有出台之前，可以通过旅游规范性文件的制定来弥补立法不足，对现行旅游法规进行修订，使之作为规范性文件的过渡，是改善目前旅游投资法律环境的最有效的途径。

二、行政执法

转变传统执法观念，切实提高旅游执法人员的素质。转变旅游执法人员的观念，使之充分认识到行政不仅仅就是管理，实际上是用人民赋予的权力为投资者提供公共服务，旅游管理者一定要用“服务”观念来替代传统的“行政”观念。要高度重视执法人员的培训、考核、监督，把法律培训工作看作是一种必要的环境投资，提高执法人员依法行政的能力和水平；对于蓄意违法、违纪现象决不姑息，创造严肃、规范、安全的环境氛围。对广大公务员进行行政法律法治知识的培训与考核，以大大促进旅游行政管理者更新知识和观念，有效地提高旅游执法人员的法治观念，提高旅游法律素养，为旅游依法行政打下良好基础。

实现旅游行政执法的公开化，提高政府管理的透明度。现代市场经济的法治理念是透明的，WTO 的规则也是透明的，这就要求政府管理也必须透明化。目前，我国旅游行政机关的行政执法公开化程度还应提高，抛弃暗箱操作，改革执法体制，实现政府行政执法的公开化，强化旅游行政执法监督，建立起旅游行政执法约束机制。以此来提高经济政策和经济管理行为的可预见性和稳定性，防止和消除政府的不公开行政管理造成的待遇歧视和国际旅游障碍。其中最有效、最透明的监督手段就是通过新闻媒体向社会公布政府各级部门的职能、办事程序和依法行政的工作情况，最大限度地接受广大投资者的监督。比如，可以在旅游局或司法部门专设一个旅游行政执法投诉机构，处理旅游执法投诉问题，以增加公务员的执法压力，促使其严格依法办事。地方人大常委会每年应当对旅游热点地区的政府部门的主要负责人建立以依法行政为主要内容的述职评议和考核机制，以此作为任用干部和提拔干部的依据。此外，地方人大常委会还应定期与不定期地组织各种有关法律、规章的执法检查活动，真正使旅游投资环境走上法制化的轨道。

三、司法的公正与效率

公正、高效、清廉的司法形象，是投资者非常看重的环境要素。旅游投资地的地方政府必须要做到尊重法院独立行使审判权，我们的各级政府或领导人应该跳出部门和人情的束缚，克服地方保护主义倾向，真正以公平的角度看待法院审理涉及投资者争议案件，让投资者放心地将投资争议交给旅游投资地区的法院来诉讼，增加旅游投资的安全感、信任感，同时有利于提高我国法院及法官的国际形象和威望。

司法人员提高法律专业水平的同时，也要学习一些旅游方面的知识，对旅游经济的运行规律有一定的认识和了解，特别要对从事旅游涉外投资案件的司法人员严格把关。对各级司法机关，除了加强业务素质和职业道德的培养外，还应定期组织邀请法律专家进行法治讲座，定期组织法律培训和考试。要严格依照《法官法》等的有关规定，获得相关司法从业资格的人员方可上岗，并且可依相关规定淘汰不合格的司法人员，选拔受过法律专业训练的优秀人才充实司法队伍。在有条件的地区和旅游业发达的地区，可以设立专门的旅游法庭，负责处理旅游方面出现的各种纠纷案件，从根本上改变我国目前在旅游纠纷案件审理过程中存在的问题。

要推广和学习一些旅游案件处理较好的法院的好的制度，对旅游案件的处理要加强和完善合议，力争准确地处理案件，对简单的旅游案件，要强调发挥独任庭的职能，以法官或合议庭的名义做出判决，真正做到审与判、权与责的统一，这样才能提高法官的责任心和荣誉感，促使其认真负责地进行审判，并努力提高审判工作的效率。要改变目前审判委员会包揽过多的现象，切实贯彻落实审判委员会讨论重大疑难案件的制度。建立相应的责任机制，增加法官公正、平等审判的压力。应该加强对司法腐败的打击力度，因为司法腐败会严重侵蚀投资者对司法的信心，如果投资者对司法失去信任度，这对旅游投资是极为不利的，它将严重地影响旅游投资的法律环境。在进行司法改革过程中，应旗帜鲜明地把反对司法腐败列为首要目标，把法院置于广泛的社会监督的环境中，彻底打破司法审理过程中的人情与面子关，司法腐败一经查处一律严办，以达到逐步恢复社会对司法的信心的目的，建立一个清明、廉洁的司法环境。

四、社会法律意识水平

在全社会加强行之有效的法制宣传教育，培养公民的法律意识，树立法律至上的观念，在旅游发展中极为重要。让社会充分认识到法的制定并不仅仅是一种法律条件，更重要的是为我们处理和规范各方面的关系所创设的应遵循的行为规则。在守法过程中，我们不能只看到眼前利益、地区利益，还要看到世界旅游经济全球化的发展趋势，适应并参与这种发展和变化，从而为吸引外资、促进我国旅游经济发展建设一个良好的法治环境。这对于保证旅游法律法规的有效实施具有基础性作用。

还要充分认识到律师对法律环境培育的影响起着不可低估的作用。一些成熟的投资者在进行投资考察时，非常注重将被投资企业或项目负责人的法律意识、该项目或企业有无律师以及律师水平的高低作为投资决策的重要依据。因此，律师职业的水平在旅游投资实践中已经成为旅游目的地投资法律环境的重要组成部分。优秀的律师通过提供高效、规范的法律服务影响着旅游投资环境的形成，良好的旅游投资软环境也反哺给律师，二者是依存、共生的关系。

通过多年的投资实践，我们应该清醒地意识到，在投资的决策中，法律因素已经超越政治、经济因素，成为最可信赖的影响投资决策的核心内容。我们正在迎接来的是一个以法律和科技为主旋律的新时代，准确把握这个脉搏，我们才能为旅游经济的发展注入源源不断的活水，让我们的旅游投资展示出勃勃生机。

第三节　旅游投资经济环境分析

一个国家的经济状况影响到具体的投资行为。旅游投资需要分析研究经济环境，以发掘其变化和趋势及其蕴藏的战略意义。

旅游投资经济环境是指旅游投资者进行投资分析时所面临的外部社会经济条件。由于经济全球化所带来的国家之间的经济的相互依赖，在进行投资分析时尤其需要搜索、检测、预测和评估国际国内的旅游经济状况。旅游投资经济环境的因素主要包括一个国家或地区的经济发展状况、经济发展阶段、消费者收入水平、消费者支出模式与消费结构、消费者储蓄与消费者信贷等。

一、国家或地区的经济发展状况

一个国家的经济发展过程中，通常存在各地区经济发展不平衡的现象，这种不平衡所造成的环境差异，给旅游投资者在投资方向、目标市场以及营销战略的制定等方面带来了巨大的影响。我国各地经济发展的不平衡，客观上形成了东部、中部和西部三大地区，且经济发展水平呈东高西低的总体区域趋势，旅游业发展也不平衡，存在地区差异，由于丰富的旅游资源大多数在西部，西部由于经济发展水平较低，造成了旅游投资主体的分散化和小规模化。尽管这些地区非常强调把发展旅游业作为重点行业和支柱产业，但由于资金比较匮乏，其结果是很难形成优势产业，也就很难带动相关产业的高速发展。因此，区域外投资者应从中把握市场机会，迅速行动。

二、经济发展阶段

一个国家的经济发展阶段不同，人们对投资这一现象的认识和接受程度也不同，投资的意愿也就相差很大。关于经济发展阶段的划分，较为流行的是由美国学者罗斯托(W. W. Rostow)在1960年提出的“经济成长阶段理论”。他把世界各国的经济发展过程经过认真分析研究后，总结归纳为六种类型：传统经济社会，经济起飞前的准备阶段，经济起飞阶段，经济趋向成熟阶段，高消费阶段，追求生活质量阶段。处于前三个阶段的国家是发展中国家，已达到后三个阶段的国家是发达国家，而旅游投资行为的产生主要在后四个阶段，这个时期人们不再为衣食住行忙碌不停，有比较充足的时间和精力去研究投资，可以用多余的资金进行投资。从我国旅游业的发展可以看出，旅游业发展基本处于经济起飞阶段。

按照我国目前的实际情况，我们正处于经济起飞阶段，虽然我国的投资者对投资的渴求仍然受到一定因素的影响，但的确蕴藏着巨大的投资群体。尽管不同省市间的经济发展程度存在较大的差异，导致对旅游产品的需求程度和购买能力不同，影响了投资者的投资决策，但经过制定一些专门的投资政策和鼓励措施还是可以实现我们的投资目标的。随着经济欠发达地区经济的快速发展，旅游市场规模会迅速扩大，旅游投资机会大增，这将极大地改变原有的经济发展格局。所以，经济发展阶段的不同，对投资者的投资活动的影响会不同，因而采取的投资策略也会不同。

三、消费者收入水平

消费者收入水平直接影响旅游市场容量和旅游者支出模式，从而决定旅游购买力水平，影响旅游投资行为。分析消费者收入，可从宏观和微观两个层面来具体剖析。从宏观层面看，主要分析国民收入和人均国民收入两大指标，它们大体上反映了一个国家的经济发展水平；从微观层面看，主要弄清个人收入、个人可支配收入以及个人可任意支配收入三个概念。个人可任意支配的这部分收入所引起的需求弹性大，是需求变化中最活跃的因素，也是影响旅游投资决策的主要因素，在现实的旅游投资分析中，投资主体特别受到关注。与此同时，旅游投资还应关注社会各阶层收入的差异性以及不同地区、不同年龄、不同职业的收入水平等，他们可能影响旅游投资的结构。另外，在分析消费者收入水平时，还要注意区分货币收入和实际收入。在物价水平较高的条件下，也会对投资决策带来负面影响。

四、消费者支出模式与消费结构

随着消费者收入的变化，消费者支出模式会发生相应变化，继而使一个国家或地区的投资结构发生变化。随着我国对外开放和经济体制改革的不断深入，在工资、住房、医疗、保险等方面的改革有了重大突破，人们的收入和消费水平均有较大提高，人们的需求结构发生了相当大的变化。在我国，人们对旅游的需求不断增加，因而在一定程度上刺激了旅游投资的增长，旅游投资的低层次的扩张，虽然投资的资金比例有很大的上升，但是浪费也很大，特别是对自然资源的浪费。在投资调查分析中，应特别注意这种泛式的投资模式和结构变化的情况，适时地针对这一变化调整旅游投资的策略，进行新的旅游产品的设计和旅游投资分析。

五、消费者储蓄与消费者信贷

人们的收入一般用于现实消费、储蓄和投资等方面。当收入一定时，储蓄越多，投资机会越多，现实消费量就越小，但潜在的消费量越大；反之，储蓄越少，投资机会越少，则现实消费量就越大，但潜在消费量越小。从我国目前情况来看，消费者储蓄对现实消费影响的比重最大,因为我国居民有勤俭持家的传统,长期以来养成了储蓄的习惯,这对投资形成了较大的影响。旅游投资除需了解影响储蓄的因素外,还要深入了解消费者储蓄目的的差异性。因为储蓄目的的不同,往往会影响潜在投资量、投资内容、投资的发展方向和投资模式。只有掌握了消费者的储蓄动机,才能更有效地强化其投资动机,并及时提供旅游消费者满意的旅游产品和旅游服务。在当前投资热情持续高增长、投资相对偏热和消费需求相对不足的情况下,优化投资结构、刺激消费需求是保持经济快速健康发展的关键。但是,刺激消费不是一件很容易的事,不解决中国储蓄率攀高的问题是刺激不了消费的;目前中国的消费缺乏和少有亮点,因为该消费的都消费了,不该消费的由于收入问题很难增加消费。面对越来越高的储蓄率,财政政策、货币政策都无能为力,而要解决低收入群体的消费问题,在解决医疗、社保等问题的同时,进一步提升旅游投资深度研究就变得越来越重要。旅游活动对消费的刺激和拉动是显而易见的,但是我们也十分清楚,旅游活动毕竟不属于必需的消费活动,这些年来我国每年的出游人次虽然在不断的增长,我们也应看到,较多的旅游者出游的消费水平还是比较低的,所以这为旅游投资在风格上、品位上和多样性上带来了相当大的约束。

随着商品经济的日益发达,消费者不仅可以用货币收入来购买商品,而且还可以通过借款的方式来达到消费的目的,这就是消费者信贷。随着我国经济逐步走向发达,人们的消费观念发生了根本性的转变,西方国家盛行的短期赊销、分期付款以及信用卡信贷等消费者信贷方式在我国已经普遍被人们所接受,我国消费者信贷水平也逐步提高,尤其是随着我国“80后”的消费者的成长和成熟,这些新情况新动向对旅游投资行为将产生十分重大的积极和深远的影响。

第四节　旅游投资社会文化环境分析

旅游投资环境关系到旅游投资的成败,历来受到投资主体的高度重视，也是投资理论界研究的重点。但社会文化环境对投资的影响，却研究得相对不够。在社会经济活动中，社会文化环境无时无刻不在起着重要作用，影响着投资主体的投资行为和决策。因而在一定程度上我们可以说，投资活动本身就是一种社会文化活动。

一、社会文化环境要素分析

旅游投资是在一定的社会文化环境中进行的，也只能在社会文化环境中进行。旅游投资与社会文化环境是一对矛盾，它们相互依存、相互影响，在一定条件下相互转化。旅游投资依赖于社会文化，对社会文化环境起到决定作用，同时又受社会文化环境因素的制约。所以在分析研究旅游投资时，研究社会文化环境也就成为投资研究的重要任务之一。

文化是人类所创造的一切物质、制度和精神的总和，文化是决定人类欲望和行为的基本因素，它几乎存在于人类思想和行为的每一方面。文化的差异引起旅游行为的差异，文化差异越大，对旅游者的吸引力就越大，对旅游投资的吸引力也越大，当然影响力越强。

对文化可以作以下划分：

（一）物质文化

包括技术和经济两个方面。技术表现于创造物质财富过程中的工艺，即社会群体所掌握的具体的专门技术。经济是人们运用个人能力创造物质财富和分配物资财富的方式。物质文化的发育程度是由一国投资的结果来决定的。在旅游投资中，它既影响到一国的旅游需求水平，因而也最终对一国的旅游投资产生重要影响。

（二）制度文化

包括社会组织、教育和政治结构。制度文化涉及一个社会中人们的相互影响和相互作用，包括如何协调地组织生产和各项活动，如何向下一代传授各种知识以及如何对人类自身进行管理。不同国家的制度文化不同，人们在组织生产活动的方式上、男女社会地位、家庭、社会阶层、团体行为、年龄群及社会如何定义廉耻和礼仪等也就千差万别。

(三)精神文化

包括宗教、价值观念、语言和风俗习惯等等。而宗教是精神文化中最敏感的部分,它对人们的习俗、生活态度、消费方式、价值观念等产生深刻的影响。价值观念是人们对事物的评价体系。不同的国家、民族文化不同,形成的价值观念也不会完全相同,因而判断是非的标准也就差异很大。在一国被奉为神圣的事物在另一国可能会被认为很普通很平常。语言是文化最重要的载体和人类文化传播的最早方式,它全面地储存和传递着文化的整体信息。风俗习惯是民族在长期的生活中形成文化的外在表现。它源于各族人民在长期的生活中的自然规律、生活规律、生产关系和生产力、政治制度、学术流派、文学艺术、宗教信仰等方面的总结。

社会文化环境对旅游投资的影响主要表现为促进投资和阻碍投资。究竟会是哪种影响方式则要视具体旅游投资对文化的需求和反应方式而定。旅游投资项目的选取若与文化相适应,文化就会促进旅游投资实现效率最大化,旅游投资项目的选取若与文化不相适应,文化就会阻碍旅游投资实现效率的最大化,甚至投资失败。

具体来说,社会文化环境对旅游投资的影响表现为:

(一)旅游投资受制于物质文化

在物质文化发达的地区,旅游投资效率明显大于物质文化不发达地区。试想在旅游基础设施落后的国家和地区,投资豪华汽车运输产业或高档酒店会获得什么样的投资收益?所以物质文化对实现旅游投资效率最大化是一个首要条件或保障性条件,对旅游投资有着直接的影响。

(二)旅游投资受制于区域制度文化

旅游投资活动受制度文化的影响是显而易见的。在一定的旅游投资区域,旅游投资体制是支配投资领域旅游经济行为模式和旅游经济利益关系的一系列行为规范。它明确界定了在旅游投资活动中各个经济主体的权利和义务,直接抑制投资主体的机会主义倾向,从而降低交易成本，提高投资效益。旅游投资人的一切投资活动和投资行为必须按照现行的投资制度规定的规则进行，那种不按牌理出牌，打破游戏规则的投资活动，是不可能走得很远的。

（三）旅游投资受制于精神文化

旅游本来就是精神文化的集中体现，精神文化对旅游投资的影响，可以从宗教对人们旅游消费行为和旅游消费模式的影响中看出来。很多旅游者之所以出游，神话、迷信等精神因素起着很大的促进作用，如果我们否认它们，对旅游投资会产生不利影响，因为它们已经构成一个民族精神文化的组成部分，因而旅游投资必然要研究这些精神文化的内涵。

（四）旅游投资受制于投资者的文化背景

旅游投资者所受教育（包括从父辈那里传承下来的思想观念、道德观念，从所处的社区社会文化环境中所受的熏陶）、文化程度、对传统文化中精华和糟粕的认知和态度，都会影响到旅游企业文化的形成，从而对旅游投资决策和旅游投资行为产生直接影响。

（五）旅游投资受制于游客的文化背景

游客来自于一国的不同地区或异国，他们的文化背景比投资者的文化背景更为复杂。他们的行为和思维方式不仅仅受到自身文化的影响，还会受到相关群体的影响。由于投资和消费的每一环节都是相连接的，即使是一个很好的旅游投资计划，在有些人看来是好的，对这些人有吸引力，对其他人可能就不会有吸引力。而有的旅游投资项目，由于认识等各方面的差异，可能会导致投资计划落空，投资效率为零甚至为负数。

二、社会文化环境对旅游投资的负面影响

（一）制度文化对旅游投资的影响

早在20世纪80年代中期，我国就对投资体制进行了改革。逐步实行投资主体多元化、投资决策分散化、资金来源多元化、投资方式多样化、项目建设市场化。改革的方向是要划分企业投资与政府投

资，把投资引入市场。这种改革是非常必要也是非常正确的。但并没有触及计划经济条件下的制度文化中的深层次问题，即政企不分、政府同时行使社会行政管理权和国有资产所有权等投资领域的问题。在这种制度文化条件下形成的投资思路、投资行为模式及其决策系统，一直延续到现在。

（二）精神文化对旅游投资的影响

与制度文化相联系的，对旅游投资产生负面影响的是精神文化中的一系列因素，如地方保护主义、官本位、地缘关系、血缘关系等等。在旅游投资项目选取和报批过程中，有些投资者首先考虑的不是旅游投资收益最大化，而是如何能获得政府的支持，甚至是如何满足某些领导人提升自身政绩的需要，搞政绩工程，很少进行深入细致的旅游市场研究和旅游需求分析。从表面上看，这里反映出来的可能是政企关系问题，但从深层次看，却是一个文化问题。相当数量的投资者在这些问题上始终无法摆脱狭隘的地缘关系、地方主义、官本位等落后观念的影响。这些深层次的文化问题，在我国可以说是由来已久，如不解决，中国的旅游投资环境不可能从根本上得到改善，旅游投资也不可能得到制度化发展。

（三）西方文化对旅游投资的影响

我国实行对外开放政策，在引进西方先进科学技术、普遍适用的经济行政管理办法和开展中西方文化交流的过程中，西方文化必然大量涌入。一方面，西方文化中反映时代要求和社会进步的部分，对我国文化的发展起到了积极作用。如科学、民主等思想文化的传入，动摇了我国传统文化中不适应现代社会发展的一些文化观念，在一定程度上起到了解放思想的作用，促进了我国传统文化向现代化的过渡，对投资观念的形成和发展起到了积极的作用。另一方面，西方文化中腐朽没落的东西也确实对我国社会主义文化产生了破坏性的影响，诱导我们的投资理念向反方向发展。因此，在改革开放中，旅游投资过程必须要时刻保持清醒的自尊自信的投资意识。

（四）其他精神文化对旅游投资的影响

其他对投资会产生负面影响的精神文化问题有经验主义、习惯思维方式、投资者自身文化背景的局限等。

三、优化旅游投资社会文化环境

（一）进行制度文化的变革

制度文化的变革已刻不容缓，要改革传统体制下形成的与社会主义市场经济条件下旅游投资活动不相适应的一系列行为规则和习惯。尤其是要改变在计划经济体制条件下形成的政企不分、政府同时行使社会行政管理权和国有资产所有权的深层次文化矛盾问题，使行政管理权与国有资产所有权分开。解决了制度创新问题，就优化了旅游投资环境，旅游投资就会更加具有活力，旅游业也就能得到真正的大发展。

（二）进行精神文化的变革

在精神文化中，宗教、价值观念、风俗习惯等对旅游投资的方式和旅游消费方式会产生重要影响，从而影响旅游企业的投资方向和投资决策。精神文化中对旅游投资产生阻碍作用的因素是我们必须要下大力气革除的。地方保护主义、地缘关系、血缘关系与旅游投资原则是相违背的，阻碍旅游投资活动的发展，应当通过建立新的利益关系原则予以替代。

（三）优化物质文化的变革

尤其要着重改革旅游投资方式。一方面在旅游投资中要加大高新技术力度，跟上世界先进水平；另一方面在具体的投资项目上要充分考虑到民族特色，这是祖先留给我们的物质遗产。

第五节　旅游行业投资环境分析

作为国民经济的新兴行业，中国旅游业在发展初期就明确了开发建设的基本方针。一方面坚持对外开放，广泛吸引海内外各界资金；另一方面，充分利用社会资源，鼓励国家、集体、个人投资建设旅游项目。这种开放的投资方针活跃了中国旅游投资市场，提高了旅游接待能力，为旅游业的繁荣发展创造了条件。

一、旅游行业发展的风险和不确定因素

（一）宏观风险和外部不确定性

旅游业受外部环境影响较大，这是行业自身特点决定的，因而未来旅游业的发展也很难避免一些不确定因素和突发事件的干扰，投资旅游业存在一定的风险。

从国际环境来看，2007 年以来世界石油价格的持续攀高，加之美国次贷危机对全球经济的影响，国际政治经济格局虽然没有太大的变化，但在未来 5—10 年内，不排除国际政治经济形势会出现剧烈动荡。全球经济复苏乏力、美国推行的单边主义造成国际政治格局失衡等趋势性变化导致旅游业发展的大环境恶化，一些突发事件如中东地区持续冲突、国际恐怖活动猖獗、全球或地区性的金融动荡等，都将对全球旅游业造成重大的负面影响，日益与国际接轨的中国旅游业也很难完全规避其负面影响的波及。

从国内环境来看，中国政治经济总体发展形势相对稳定，发生大的波动的可能性较小。四川地区地震给该区域旅游造成了相当大的负面影响，其他区域的旅游业会受到一定的影响。这是旅游投资面临的最大的不确定因素。此外，中国社会经济处于变革的转型时期，随着一系列改革的深入进行，居民的生活理念和消费偏好不断变化，无论对传统的旅游产品的需求，还是对新兴的旅游产品的需求，还存在一些变数，这无疑增加了旅游投资项目选择的难度和项目运行的风险。另外，由于过去不太注重生态环境保护，我国的很多风景旅游区生态环境仍未好转，加之我国是世界自然灾害多发的国家，地震、火山爆发、泥石流以及局部的生态退化等将直接破坏景区景观和基础设施，影响景区的投资收益，严重影响投资者的信心。

（二）微观风险和行业发展的不确定性

旅游业本身属于市场前景广阔、具有较高投资价值的行业，但从

行业自身的成长规律和目前的发展阶段来看，投资旅游业也存在一些微观风险。

1. 行业竞争加剧和利润水平下降是投资者面临的最大问题。目前，旅游饭店、旅行社等行业都已经进入了激烈竞争的微利时代，投资这些领域的预期收益下降。造成竞争激烈的原因很多，主要原因是投资主体分散、规模较小且缺乏行业自律，虽然有一些协会，但不是真正意义上的自律协会，对会员起不到真正的约束和激励作用。

2. 加入 WTO 后，外资进入规模扩大，领域也正在逐步拓宽，外资企业加紧了对中国旅游市场的争夺。外资进入虽然有益于中国旅游高端市场的开发与建设、旅游市场结构的优化、旅游资源的利用和服务质量的升级，但同时也使我国 95%以上的中小旅游企业的生存空间缩小，要么走国内的兼并联合，要么关门停业。随着旅游企业数量的减少，旅游业中的某些行业将会逐步走向垄断，为行业未来的投资者树立起更高的进入壁垒。另外，国内大型旅游企业在与外资企业合作时也存在合作领域和方式选择的风险，一旦项目选择不当，不仅难以实现借助外资拓展境外市场、开发新产品以及多元化经营的目标，而且还有可能丧失在行业内原有的优势地位、市场份额、营销网络以及客户资源。这从近年来有的国内大型旅游企业与外商的合作和发展中可以看出，经济效益并不像想象中的那样理想。

3. 旅游产品是具有一定时尚性的产品，但旅游产品开发和建设却需要一定的周期和面临较大的风险。已经很难分清旅游产品的传统与时尚的界限，在传统旅游资源以及人文历史景观基本上由国家协调开发的情况下，对新产品、新线路开发的投资如何将时代特征和资源的可持续利用有机地结合起来，将成为投资项目设计论证的重点和难点。如果不进行充分的市场调查与科学规划，很有可能在项目开发完成之前就已经失去了产品的新颖性。

二、旅游行业投资建议

(一)把西部地区作为旅游投资的重点区域和示范区域

主要是因为西部地区是中国旅游资源品位最高的地区，加之通过这些年的旅游开发建设，已经具备大规模发展旅游业的条件和基础。旅游交通和住宿瓶颈的制约在广大的西部地区有了很大改善，只是由于地区经济发展基础薄弱，带来了投资资金的匮乏，使中西部特别是西部所蕴藏的巨大旅游资源没有得到充分的开发利用。随着西部经济的快速崛起，西部的投资环境将会迅速得到改善，加之国家财政有计划有目的的投资西部的景观资源，特别是具有天然垄断优势的生态旅游资源必将大有可为。

投资中西部旅游资源开发和设施建设一定要有系统性、长远性和全局性观念和思路，在与发达国家和我国发达省区的合作中，要有创新思想和创新意识，加强多种形式的联合与沟通，努力搞好开拓国际客源市场和我国广大的客源市场，从两头在外的运作方式出发，改变传统的以观光产品为主导的观念，大力设计开发新型专项产品，完善交通、住宿、环保等配套体系，着力打造有影响力、有品位的名牌线路和旅游精品区域。

西部旅游业的投资不应局限于总量扩张的概念上，而是要在如何打破资金、人员流动的地域限制上做文章，深入积极探索资本、管理、市场相结合的新型投资方式，从而使中西部地区摆脱现有的相对封闭的投资观念和格局，制定中西部旅游投资协调政策，外延投资对中西部旅游业十分重要，但充分激发其内在投资潜力是发展中西部旅游的必由之路，此外还要加强与促进文化的交融和思想的变革。

(二)社会资本应成为旅游业的投资主体

中国旅游业已经出现了投资主体多元化的趋势，随着旅游业对外开放和市场化程度的深化，这一趋势将进一步加强。外资和民间资本将在旅游业投资，特别是商业性旅游项目的投资中占据主导地位，这需要通过投资方式的多样化才能完成。为此，在国家尽快健全相关法规的同时，中西部地区应积极完善其区域的投资的配套服务，加强项目的协调与管理，降低社会投资的进入门槛，为社会资本大规模进入旅游业营造好更加宽松的政策环境。

第三章　旅游投资战略分析

我国旅游业投资从宏观管理的角度看，大体经历了两个时期，第一个时期是20世纪70年代末到80年代末，海外客商开始向我国旅游业投入资金，各地自主利用外资，集中建设旅游接待设施。第二个时期是20世纪80年代末至今，海外资本逐渐加大对我国旅游业的投资力度，国家开始加强对旅游业外商投资项目的宏观管理。经过近三十年的高速发展，已使我国旅游业成为国民经济中的重要产业，成为我国国民经济新的增长点之一。

国家旅游局规划发展与财务司公布"十一五"期间我国旅游投资战略总规模水平，我国计划将建旅游项目共12 697个，总投资17 834.22亿元。并且把战略投资进行了几个方面的细分，包括投资来源结构、投资流向结构。总体上来看，政府投入在增长，但东、中、西部的增长幅度不一样，东部地区政府投入增长速度低于中、西部地区，东部地区政府投入占政府总投入由"十五"期间的40%下降到32%，中、西部地区则由原来的16%、36%分别上升到24.5%和38.27%。中部地区上升的比较明显。总之，"十一五"期间我国旅游投资呈旺盛增长趋势。

第一节　宏观旅游投资战略分析

战略一词原是一个军事术语，它的本意是通过搜集战争中敌我双方在军事、政治、经济、地理等方面的情况，加以分析、研究，对战争全局及其各个局部的关系作出系统的、科学的判断，从而对整个战争及其各个阶段军事力量的准备和运用作出的部署。西方战略管理的出现是在20世纪50年代末和60年代初。在我国,战略管理应用于管理理论,被赋予行业管理中最具有指导意义地位的历史很短。特别是我国旅游业的起步较晚,基础设施投资规模小而落后,在投资来源结构、投资流向结构方面存在差异。旅游投资战略分析,为旅游业确定了发展的使命,从外部环境和内部要素设定旅游业发展的目标,是保证目标的正确落实并使产业使命最终得以实现的一个动态过程。

一、旅游投资战略分析的基本理论及框架

旅游投资战略,是指旅游业为了长期生存和发展,在充分估计影响行业长期发展的内外环境中的各种因素的基础上,对旅游业长期的投资行为所做的整体筹划和部署,它是国民经济发展战略不可分割的一部分。旅游投资战略对旅游资源的运用具有指导性,其目的是为了全面、有效地利用各种资源,合理科学地配置生产力,从而最大化提高旅游业整体投资效益。它包容了旅游产业全部的经济活动,不仅关注旅游业目前资金的使用效果,而且还关注资金在将来的合理配置。

旅游投资战略一般具有从属性、导向性、长期性和风险性等特点。

第一,从属性。指旅游业的投资战略必须服从于国民经济发展战略,服从和反映旅游业总体发展目标和资金管理的目标。

第二,导向性。指旅游业投资战略一经制定,就成为旅游业进行投资活动的指导原则,是旅游业发展的纲要,在一定时期内相对稳定,具有多重功能、多重影响。

第三,长期性。指旅游业投资战略是在科学预测的基础上制定的,旨在为谋求旅游业的长期发展,开拓旅游业未来的前景,它确定旅游业发展的方向和趋势,也规定各项短期投资计划的基调。

第四,风险性。指旅游投资战略不能消除风险,也难以把风险降为最小。

换言之,旅游投资战略一旦实现,就会给整个产业带来生机和活力,使产业得以迅速发展。

旅游投资战略的基本理论包括旅游投资战略环境分析、旅游投资战略目标的确定、旅游投资战略的制定、旅游投资战略的实施与控制等。

（一）旅游投资战略环境分析

旅游投资战略需要对旅游业面临的外部环境和内部条件进行分析，从而知内知外，寻找投资机会，明确投资风险，找出优势和劣势。这是制定投资战略的基础和前提。

1.旅游投资战略外部环境分析

一般而言，与旅游投资战略有关的外部环境因素有：政治因素、社会文化因素、科学技术因素、经济因素等。

对外部环境因素的分析和评估，要求宏观旅游投资战略的决策者具有较强的洞察力和较迅速的反应能力。

2.旅游投资战略内部环境分析

旅游投资战略环境分析还要摸清旅游业内部资源条件，进行内部条件分析。内部环境因素主要包括：旅游业发展的最大潜力和能力，资金规模及其配置情况，经济效益，人员素质和组织结构状况。通过内部环境分析，旅游业从中发现环境制约的风险与机会，以及优劣势，行业资金筹措能力，旅游业规模扩大的可能性和必要性等，为制定合理的投资战略提供基础依据。

（二）旅游投资战略目标的确定

现代财务理论认为，企业财务管理的目标是实现企业价值最大化。这一目标在企业投资行为中的体现就是以较少的资金投放和较低的投资风险获得较大的投资收益和竞争优势。但是，由于旅游业投资战略的制定和实施必须充分考虑旅游企业内外诸多环境因素和企业战略要求，因此，为了保证投资战略目标的顺利实现，旅游投资战略目标应切实可行，具有挑战性、多元化，具有弹性。这些目标主要包括：

1.收益性目标。是指旅游业通过投资所产生的各种获利能力指标，如利润率、投资收益率等。

2.成长性目标。是指通过投资战略带来旅游业的发展空间和水平，表现为那些能表明旅游企业成长、发展程度的目标，如扩大规模等。

3. 市场占有率目标。通过旅游投资战略的制定和实施，要有助于行业占有市场，提高市场占有率。

4. 技术领先目标。是指旅游投资战略的制定与实施，要有助于企业能在某项技术上占据领先地位。

5. 产业转移目标。通过旅游投资战略，可以使企业改变生产方向，从一个行业转向另一个行业。

6. 一体化目标。是指通过旅游投资战略，可使旅游企业取得或建立有保证的销售渠道、关键技术、原材料供应基地和能源供给，达到整个生产过程一体化的目标。

7. 社会公益目标。是指旅游投资战略提供社会公共效益方面的目标，如环境保护、公共交通、节约能源等。

（三）旅游投资战略的制定或生成

旅游投资战略的制定是投资战略管理的重要环节。旅游投资战略可以按不同的分类标准分多种类型。目前，旅游业可供选择的制定投资战略的方法主要有 SWOT 分析法、波士顿矩阵法等。根据各种方法制定出的投资方案要运用一定的标准进行评价和选择。

1. 旅游投资战略的制定方法

通常采用的投资战略制定方法有以下几种：

(1)SWOT 分析法。SWOT 是由英文“优势”(strengths)、“劣势”(weaknesses)、“机会”(oppotunities)、威胁(threats)四个单词的第一个字母组合起来的，它是由美国哈佛商学院最先采用的一种经典分析方法。

①SWOT 分析法的基本原理。SWOT 分析法是一种在综合考虑行业内部条件和外部环境的各种因素，正确认识自身优势与劣势的基础上，进行综合评价，扬长避短，抓住机会，避开威胁，从而选择最佳投资战略的方法。

②SWOT 分析法的战略生成过程及运用。对于内部优势、劣势

和外部机会、威胁因素的不同组合来说，有些特定的投资战略可供选择。SWOT 分析法的分析过程包括了以下八个步骤：

第一，列出关键外部机会；

第二，列出关键外部威胁；

第三，列出关键内部优势；

第四，列出关键内部劣势；

第五，将内部优势与外部机会相匹配，得出优势—机会战略(SO)；

第六，将内部劣势与外部机会相匹配，得出劣势—机会战略(WO)；

第七，将内部优势与外部威胁相匹配，得出优势—威胁战略(ST)；

第八，将内部劣势与外部威胁相匹配，得出劣势—威胁战略(WT)。

通过上述分析，将得出的结果用图 3-1 来表示。

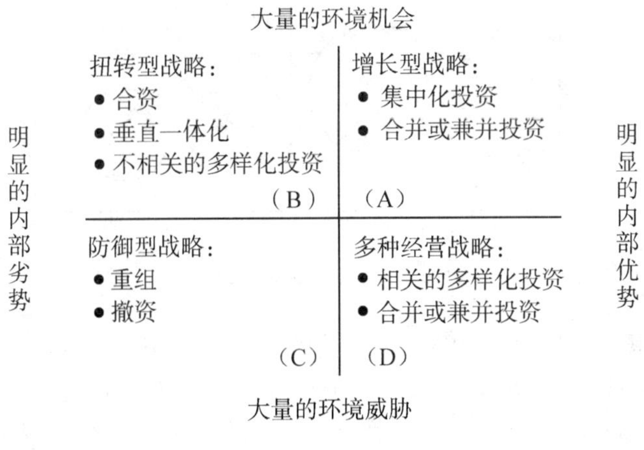

图 3-1　SWOT 分析图

(2)波士顿矩阵法。波士顿矩阵法是美国波士顿咨询公司(BCG)在20世纪60年代提出的一种投资组合分析方法，该方法在旅游产业的分析中，其着眼点是对旅游业的相对市场份额以及给企业所带来的现金流量，因此，该方法非常有利于财务战略的制定。

波士顿矩阵法主要包括以下二项内容：

①划分并评估旅游战略经营单位(TSBU)。旅游投资管理者首先把整个企业划分为若干个战略经营单位，在实践中，战略经营单位一般都是按所处的产品市场情况来划分。划分战略经营单位之后，要根据相对市场占有率和行业增长率两个指标对其进行评估。

②比较 TSBU 或经营活动。

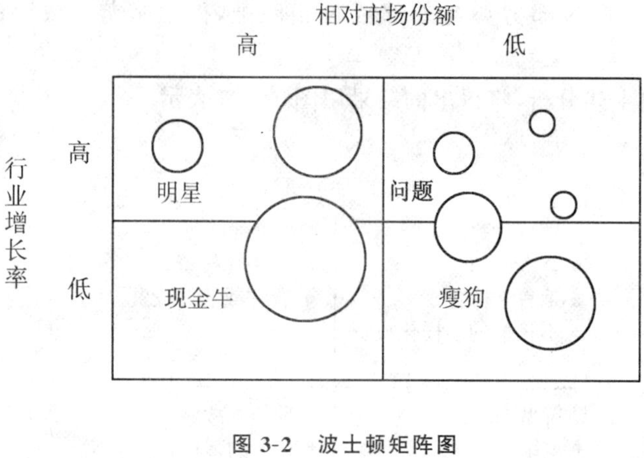

图 3-2　波士顿矩阵图

如图 3-2 所示，以相对市场份额和行业增长率为二维，构成一个矩阵，再将各个 TSBU 的评估结果标在该矩阵中，进而进行比较，利用波士顿矩阵分析法，最佳旅游投资战略的制定应该包含以下几个方面的内容：

第一，应该把有希望的“问题”转变为“明星”，巩固现有“明星”的地位作为企业的长期目标，这就需要他来自“现金牛”的大量资金用于对某些“问题”的开发和未来“明星”的资助上。

第二，对远景不明的“问题”应减少或停止投资，以避免或减少企业资金和资源的浪费。

第三，完全停止对“瘦狗”的投资，退出所有行业。

第四，如果缺少足够的“现金牛”、“明星”和“问题”，就应采取兼并或退出等战略对整个组织加以全面调整。

第五，一个企业拥有足够的“明星”和“问题”，才能确保利润和发展；拥有足够的“现金牛”，才能保证对“明星”和“问题”的资金支持。

2.旅游投资战略方案的评价与选择

通过一定的方法制定出行业的投资战略方案后，还应该对某些方案运用一定的方法进行评价、筛选，以最终确定与旅游企业发展实际相吻合的投资结论。

对于旅游投资战略方案的评价在一定程度上可以利用贴现金流量法(即 DCF 法)，如净值法、内部报酬率法等。与常规投资项目评价的不同之处在于，战略性投资方案的有关指标预测、分析的难度空前加大，导致 DCF 模型所需数据的预测值的准确性难于保证。因此对应用 DCF 法所得结论不能过分依赖，还应配合适当的定性因素分析，才能得出最终的结论。

影响投资战略方案评价与选择的战略因素有以下几方面：(1)市场因素，(2)生产因素，(3)财务因素，(4)竞争因素，(5)宏观经济政治因素，(6)人员因素。

(四)旅游投资战略的实施与控制

旅游业投资战略的实施与控制可以分为以下五个方面：(1)分析战略变化，(2)分析组织结构，(3)分析组织文化，(4)选择战略实施方式，(5)战略实施与控制。

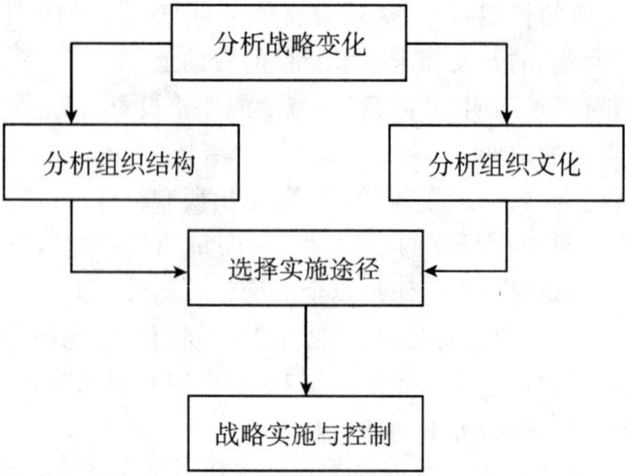

图 3-3 旅游投资战略实施控制程序

二、旅游产业投资政策与战略

作为全球化的朝阳产业，旅游业必将是现在和未来长期的投资热点。产业投资政策和战略的定位，必将正确引导旅游投资方向，优化旅游投资结构，促进旅游产业与资本市场有效结合，推动旅游行业依赖自身的资本运用和外部资金投入产生的良性循环，对于实现旅游产业的可持续发展有着重要的现实意义。

中国旅游业发展近三十年来，从一个弱小的产业发展为向一个旅游大国转变，这是我国的宏观战略与宏观政策指导性的作用的结果。现阶段旅游产业正面临转型升级的问题，市场上的各类旅游企业在一定意义上也面临同样问题，这是旅游业下一步发展的主流。从“十一五”期间的旅游投资来源结构和流向结构来看，反映了旅游产业投资政策与战略方针的变化趋势。

（一）调整产业结构，积极发展有特色的优势企业

在近三十年的经济发展过程中，产业结构中的优势产业对 GDP 增长的拉动起着至关重要的作用。特别是旅游产业高速增长贡献，已经发展成为国民经济发展的重要产业，为旅游产业投资规模提供了

极大空间和需求。

(二)区域旅游投资规模的政策和战略

国家的大西部开发政策与战略,反映了区域经济的旅游产业投资战略方向,东部发达地区、环渤海开发区域、中部和大西部开发的投资力度,以及东北老工业区的旅游物流产品的创造,都以投资的规模作为拉动力和推动力来促进区域经济的加快发展,以改善地区经济发展不平衡的状况。

(三)政府主导型的旅游发展模式

政府主导型的旅游投资政策源于投资旅游产品具有公共的性质,这就意味着政府在其中有必须承担的责任。旅游产品的开发和营销,政府进行形象宣传,企业跟进产品促销,这是多年来积累的联动模式。

(四)旅游产业转型,创造无限商机

旅游产业的转型,这是国际、国内经济高速发展步入到一个平稳发展的时期的要求。表现为:一是比较单一的观光旅游产业转向复合型旅游产业,二是从传统服务业转向现代服务业,三是从经济产业转向社会产业。

第二节　区域旅游投资战略分析

我国旅游投资已经由接待型投资转为资源开发型、产业提升型投资,旅游投资战略的重点方向从以酒店为主的接待设施投资向旅游资源开发、旅游景区景点建设投资转变。总体来看,我国旅游投资呈持续增长态势,据现有资料初步估计,近几年年均流入旅游产业的新增资金为10 000—15 000亿元,并且年均资金增长率超过了20%。出现这种趋势,主要有以下几个有利条件:

首先,随着国民经济每年近10%的增长,社会资本总体规模不断增加,社会投资能力和投资水平持续提升,投资需求增长直接导致旅游业资本注入的持续增长。

其次，旅游行业近年来发展迅猛，产业形象佳，市场前景好，对资金的吸引力强，资金聚积多，增幅比值大。

第三，我国旅游产业政策越来越明晰，随着东部沿海改革开发、西部大开发、中部崛起、东北老工业基地振兴、环勃海经济区腾飞、泛珠三角区域和长三角区域等国家经济发展战略的不断推进，旅游业发展的优惠政策也不断推出，从基础设施到项目投资，从产品开发到服务领域，现在都已经有了一定的产业优惠政策。

一、区域旅游投资价值取向与选择

我国旅游业投资规划政策，在一定程度上从宏观旅游企业投资态势细化出了区域领域目标规划。区域旅游投资的价值取向和特色从不同角度展现出来。

区域旅游投资的价值取向的明确，有利于国民经济和旅游业发展价值取向的合理化和优化。表现在：

（一）区域旅游投资主体地位的明确

投资主体是投资过程运行的起点，投资主体是投资活动的决策者、资金筹措者、投资推动者。在社会主义市场经济条件下，旅游投资主体必须是投资权力体、投资责任体和投资利益体三者的统一。区域投资条件下，规范旅游投资主体，就是使投资主体的行为与我国的社会主义制度以及与社会主义市场经济体制的要求相适应。它具体包括：形成以企业作为基本投资主体的多元化投资主体结构，坚持投资主体的责、权、利相统一，即做到谁投资、谁决策，谁受益、谁承担风险。建立由市场来调节投资主体投资行为的机制，如由市场利息率和利润率来引导投资，实行投资项目的招标和竞标制度，完善政府对区域旅游业投资的间接调控机制和管理制度等。

（二）区域旅游投资规模的明确

旅游投资规模反映旅游投资活动的总量，它是旅游投资活动的内容之一。旅游投资规模有绝对规模和相对规模。旅游投资的绝对规模主要是通过固定资产投资总额等指标来反映的；旅游投资的相对规模主要是以投资率、投资增长率等指标反映的，又包括在建总投资规模。区域旅游投资规模既不宜过大，以致出现投资膨胀；又不宜过小，以致出现投资萎缩。控制区域旅游投资规模，就要在微观层次上使投资项目能够实现规模经济，在宏观层次上使投资总量与社会总供给和总需求平衡一致，使投资与整个经济社会的发展相一致，与资源环境相协调。

（三）区域旅游投资结构的优化

旅游投资结构是指旅游投资总体中各类投资之间的内在联系及其数量比例，它也是社会总投资活动的重要内容之一，旅游投资在一个区域中是一个多层次、多方面的体系，它包括投资的部门结构、产业结构、项目规模结构、所有制结构、区域结构、投资主体结构等。调整旅游投资结构，就是要使其与国民经济结构的合理化和优化相适应。

（四）提高旅游投资效益

区域旅游投资效益反映的是区域投资活动所取得的有效成果。旅游投资效益是一个完整的、科学的体系。因此，旅游投资效益有国民经济总体投资效益，部门投资效益，企业投资效益，区域投资效益，投资的近期效益和长远效益，投资的直接效益和间接效益，投资的宏观效益和微观效益等。所以提高旅游投资效益是旅游管理部门和区域旅游投资战略中所追求的重要目标，也是衡量旅游业发展是否有成效的重要标准。

二、区域旅游投资协调与整合

我国经过多年的快速发展，已经从旅游资源大国发展成为旅游大国，开始实现从旅游大国向旅游强国的战略性转变。今后 20 年，中国旅游业发展将从调整和优化结构的角度出发，加大旅游产品和产业的结构调整的力度，积极培育和扶持新的增长点。从中国旅游业发展的特点来看，调整结构的主要任务是加速优化产品结构和实现拳头产品的升级换代，建立完善的产品结构体系；加大中西部地区旅游资源开发的力度，实现东南沿海和中西部地区旅游业的协调发展。同时，由于旅游目的地相对较高的利润空间，我国旅游业的未来发展还将以利用社会资金入手，从市场需求入手，建立面向全行业的旅游宏观调节系统，对旅游产品的规划、开发与市场运作实行全过程的指导与服务。

从“十一五”期间我国旅游总规模来分析，“十一五”期间，我国计划将建设旅游项目12 697个，总投资17 834.22亿元。其中，东部地区“十一五”期间建设项目投资总额为7 142.64亿元，占总投资额的40.05%；中部地区“十一五”期间建设项目投资总额为3 673.24亿元，占20.59%；西部地区“十一五”期间建设项目投资总额为5 946.2亿元，占33.34%；东北地区“十一五”期间建设项目投资总额为1 072.14亿元，占6.01%。投资的增长，区域的比例，说明了旅游市场是发展的基础。但也让区域旅游投资产生了区域性不平衡，或者说产生了差异的冲突。

区域旅游投资的协调和整合，首先取决于旅游业发展的产品结构调整，以政府为主导，市场为基础进行整合和协调。其次区域旅游投资要调整旅游投资的流向结构来达到平衡和完善。这主要通过以下几个方面来进行：

(一)确定旅游适度投资规模

旅游适度投资规模是指一定时期内适应经济和旅游业发展的需要而又为国力所能承受的投资规模，取决于以下条件：首先，财力是决定旅游投资规模的决定性因素；其次，物力是决定旅游投资的物质基础；最后，人力资源是决定旅游投资规模的重要前提。另外，健全旅游投资调控机制，以调整区域旅游投资规模的适度性。

(二)优化区域旅游投资结构

以投资来源结构和投资流向结构来分析，通过国家宏观上的调控、区域间的协作来优化区域旅游投资之间的相互联系及其数量比例。

(三)旅游产品的营销创新

旅游营销创新的方式就是从目的地营销到客源地营销建设。合理的配置区域旅游产品，通过旅游营销观念的转变达到良好的效果，以此来谋求区域旅游业潜在竞争力实现更好的发挥。

从总体上看，我国旅游业以较快速度发展到现在的规模和水平，其经济效益、社会效益、环境效益全部得益于历年旅游投资的增长和积累，尤其是经济效益方面，中国旅游业总收入已经相当于GDP的5.8%。这主要是旺盛的市场需求所致，但持续累计的旅游投资也功不可没，正是这些投资，不断扩大了旅游基础设施的承载能力，从而不断地扩大市场供给。换言之，没有投资带来的市场供给的扩大，我们就不可能有现在旅游业的经济效益、市场规模和产出能力，也不可能有旅游业的经济、社会、环境、文化等各方面的综合效益。从另一方面看，旅游投资本身也直接对拉动其他行业投资、刺激其他行业增长，从而促进整个经济增长发挥了积极的重要作用。

第三节　微观旅游投资主体战略分析

旅游投资的目的是为了取得一定的收益或社会效益而将一定数量的资源或要素投入某种对象或事业的活动，它无论是在宏观上还是在微观上对经济的发展都产生重要的推动力，也是影响旅游经济运行的主要因素。旅游投资在短期内表现为需求，在长期上则表现为供给。这种双重的特点，使得它既是实现社会总供给与总需求平衡的关键，又是影响国民经济波动和旅游业发展的重要原因。同时，也是促使社会经济发展的强大动力。旅游投资由投资主体、投资客体、投资项目、投资要素、投资方式等构成。投资主体即投资者，是具有独立投资决策权且对投资负有经济责任的自然人、法人或国家，如中央政府、地方政府、企业和事业单位、个人及外国公司等都可以作为投资主体。

一、微观旅游投资主体价值取向与选择

从“十一五”期间我国旅游投资总规模以及各省旅游投资来源主

体来看,总投资为17 834.22亿元。在“十一五”期间旅游投资资金来源中,投资主体投资来源结构表现为政府投入达到3 111.4亿元,各类企业投资达到10 868.13亿元,外资达到1 385.61亿元,银行贷款达到2 094.1亿元。从比重来看,政府投入占总投资的17.82%,各类企业投资占总投资的62.24%,外资占7.93%,各类银行贷款占11.99%。

在政府投入方面,东部地区达到994.73亿元,占政府投入的31.97%;中部地区达到762.54亿元,占政府投入的24.5%;西部地区达到1 191.04亿元,占政府投入的38.27%;东北地区达到163.09亿元,占政府投入的8%。

表3-1 全国有关省区市旅游项目投资情况

省、自治区、直辖市	旅游项目总体情况	
	项目数量(个)	预计投资总额(亿元)
河北	2 000	427
内蒙古	1 000	1 000
辽宁	71	250
吉林	609	541
浙江	655	1 494.04
安徽	1 225	1 568.54
山东	420	1 050
湖北	203	611.08
湖南	164	220
广西	453	445.2
海南	121	666
重庆	79	839.03
贵州	367	228.6
云南		808.5
甘肃	415	172
宁夏	99	40.2
新疆	447	163.9
兵团	7	0.2

续表

省、自治区、直辖市	旅游项目总体情况	
	项目数量(个)	预计投资总额(亿元)
陕西	318	330.7
四川	1 131	1 759.27
青海		158.6
黑龙江	401	281.14
江苏	624	1 478.9
上海	200	382
福建	137	516
天津	52	900
河南	547	761.02
山西	240	280
江西	262	232.6
广东	450	228.7
北京		
西藏		
合计	12 697	17 834.22

表 3-2 全国有关省区市投资结构情况

省、自治区、直辖市	投资结构(金额亿元)					
	政府	企业			外资	银行贷款
		国有	股份制	其他		
河北	41	34	181	61	100	10
内蒙古	2			998		
辽宁	23	10	75	104	20	18
吉林	111	76.2	148.6	124.2	19.3	61.7
浙江	113.84	147.91	662.54	341.58	118.83	109.34
安徽	319.62	76.69	355.07	418.71	65.14	
山东	168	138	556	187	116	112
湖北	235.27	132.74	180.32	14.4	48.35	
湖南	35.06	13.95	69.69	17.86	10.19	73.25

续表

省、自治区、直辖市	投资结构(金额亿元)					
	政府	企业			外资	银行贷款
		国有	股份制	其他		
广西	334.9	16	33.5	127.6	34.3	18.6
海南	3.84	67.99	441.80	80.20	1	71.17
重庆	83.9		403.53		99.89	251.71
贵州	5	15	121	92.6		223.6
云南						
甘肃	15.3	18.3	11.8	53.5	4.1	63
宁夏	4.4	2.3	3.3	29.7		0.5
新疆	30.9	31.1	25.3	35.4	16.1	25.2
兵团	0.2					
陕西	62.5	111.9	74.4	56.1	3.1	22.7
四川	545.44	154.67	245.61	505.87	71.7	235.98
青海	106.5		34.1	17.7	0.1	0.2
黑龙江	29.09	17.38	21.4	55.96	125	32.31
江苏	313.75	206.86	414.43	216.83	148.55	178.5
上海	24	63.5	198	63	23	10.5
福建	50	50	150	36	200	30
天津	270		630			
河南	106.59	62.34	182.33	106.57	107.95	166.03
山西	60	50	50	100	10	10
江西	6	13	54.3	127.6	2.51	20
广东	10.3	12.6	48.0	43.5	41.1	73.2
北京						
西藏						
合计	3 111.4	1 522.43	4 297.49	5 048.21	1 385.61	2 094.1

以上资料的分析，表现出投资主体的来源比例，各省旅游投资主体的结构和比例情况。旅游投资主体的明确，反映在微观旅游投资主体价值取向的目的性和特征更为突出。

(一)经济效益是微观旅游投资的核心动力

经济效益是一切经济活动的核心，它是通过在经济活动中各种耗费与成果的对比来表现的。这种劳动占用、劳动消耗同劳动成果的比较，以及旅游投资与旅游产出之间的比较，给整个国家、集体、个人所提供的实际经济效益，就是微观旅游投资的目标效益。对于微观旅游投资的核心动力的评价，通过两种基本指标：第一，微观旅游投资的劳动消耗和劳动占用。这个指标是决定旅游企业投资经济效益的主要因素之一。第二，旅游经济成果与利润成果。它决定了微观旅游投资的目的。

（二）社会效益是旅游投资回报社会的目的

微观旅游投资的社会效益，是旅游投资对社会产生的效用，具体包括旅游投资项目建设、实施与运用对社会经济、自然资源利用、自然与生态环境、社会环境等方面产生的效用与影响。微观旅游投资带来的社会效益有：第一，树立良好的公众形象。如果在旅游投资过程中，始终将生态环境的保护放在第一位，不仅有利于旅游业的可持续发展，为投资者取得更多经济收益打下良好的基础，而且有利于树立“爱护生态环境”的良好公众形象，为投资者开拓市场创造条件。第二，建立融洽的社区关系。在旅游投资开发资源的过程中，处理好与当地居民的关系是至关重要的。

（三）市场是旅游投资的基础

市场为旅游投资主体提供了基础，让其投资追求经济效益和社会效益的目标得以实现。从我国近三十年的改革开放来看，经济的高速发展，使市场从单一模式发展成一个多元化的、完善的市场体系，国家也从一个人口大国逐步变成一个经济大国，在国家“十一五”的规划发展中，必将培育出一个旅游大国。

现在来看，这个旅游大国孕育了最大的市场潜力，创造了最大的市场需求。旅游的发展涉及入境旅游、国内旅游、出境旅游三个市场的关系。中国旅游业的基础是国内旅游，国内旅游的需求会持续增长，入境旅游相对持续发展，出境旅游也会持续增长，这是现在我国旅游市场的态势。

（四）政府是旅游投资的主导

表现为：第一，政府主导源于旅游产品的公共性质。国家旅游局提出政府主导型的旅游发展模式已经多年了，从客观来看发展政府主导型的因素很多，从长远发展来看也是无可替代的，比如旅游产品的投资开发，很多旅游产品具有公共性产品的性质。第二，政府主导的突出模式。政府主导应该是政府主导、部门支持、市场主体、企业运作、社会参与、和谐发展，这需要有好的机制和模式，近年来所提的“四川模式”是最具有代表性的。

（五）国际化的旅游发展方向

旅游投资的发展，涉及很多企业的发展问题，中国要建设旅游强国，必须要走旅游强省、强市和强大的旅游企业之路，从区域上和微观上来发展。

二、微观旅游投资主体利益的冲突与协调

微观经济投资主体所追求的价值取向是共同的，经济效益是市场经济的核心动力，在旅游产业成为国民经济发展的主要增长点的形势下，旅游投资的经营活动更呈现出追求投资热点。微观旅游投资主体利益的冲突并不可怕，这种旅游投资利益的冲突反映了旅游市场的竞争，反映了旅游市场化的特征更加突出和完善，反映了旅游产业在国民经济体系中的地位和贡献，反映了旅游业在环境、生态保护上的可持续发展。

冲突是微观旅游投资主体在投资经营活动中存在着投资经营活动差异（物质性、制度性和社会性等差异性）而产生的投资冲突。旅游投资主体所追求的是经济效益、社会效益等，目标是共同的，社会、经济的发展同样追求着一个统一的、和谐的目标，但统一的、和谐的目标并不是绝对的，而是相对的。在此归纳出几种微观旅游投资主体冲突的原因：

（一）资源的有限性，不能满足旅游投资主体的需求。旅游资源的特点即生态、环保等可持续发展的发展观，决定了直接投资的流入与

流出的数量和形式。

（二）制度与机制模式，产生了微观旅游投资过程中的资金投资来源结构和投资流向结构的冲突。前面所述的旅游投资的模式是以政府为主导、以市场为基础的模式，这样就造成了投资来源上、流向上的结构和规模的差异。

（三）价值理念的差异，表现在微观旅游投资活动中的经济效益、社会效益、信仰、民族文化等差异性和不统一，这种表现出来的不统一的矛盾并不是相互排斥，而是在冲突中建立起统一的文明状态——市场竞争，最终完善市场机制。

（四）政治经济因素。政治因素是属于旅游投资战略中的外部环境因素，如政府制定的旅游产业政策、法令规定，国内外政治经济形势，尤其是与经济有关的政治形势。微观旅游投资主体在投资经营中随着形势变化急需增强投资承受能力和协调矛盾的能力。

微观旅游投资主体利益冲突的表现是多方面的，我们不应该简单地认为冲突是不好的，甚至把冲突看作投资管理失败的征兆。冲突对于微观旅游投资主体来说是不可避免的，只是要把冲突的类型搞清楚。微观旅游投资冲突应分为两大类，一类是投资主体建设性冲突，一类是投资主体造成的破坏性冲突。一般来说，微观旅游投资主体之间的目标是共同的，追求同一价值取向目标，其冲突大多属于建设性冲突。这类冲突对国家、地方和投资主体是有利的，可以通过法规、政策、市场机制、利益分配等来进行协调，以达到和谐与统一。而破坏性冲突往往是由于投资主体的目的不同而造成的，其责任不应在投资主体自身上，我们应该从另外一个角度去思考和分析，投资主体之间的目的不同是什么原因造成的？说明我们的制度、市场机制、政策法规等是不是提供了一个公平的、合理的和合法的市场竞争平台。一个完整的市场体系和机制，一个合理的国家制度管理体系，是提倡投资主体建设性冲突的。

三、微观旅游投资风险分析及其控制

从“十一五”期间已完成的实际投资和“十一五”期间规划我国旅游投资的新趋势和特点来看，第一，旅游投资势头旺盛，增长较快。具体特点一是旅游消费需求爆发增长。二是旅游消费需求对旅游业态提出新的更高要求。三是旅游业进入发展的“黄金期”。四是旅游业的快速发展将带动经济发展和社会进步。第二，在旅游投资主体结构上，社会资本大规模投资旅游业占主体地位已不可动摇，特别是日益呈现的西部大开发的效应，将把西部以旅游为龙头的服务业态提高到一个新的水平。第三，旅游投资流向集中在景区、饭店和基础设施，但区域投资流向差异化明显。由于东、中、西部经济发展总体水平不一，各地旅游的要素发展程度不同，对旅游投资的流向存在差异。

旅游产业的高速度发展，并成为地方经济发展的突出增长点，为微观旅游投资主体提供了很好的发展机会。其实，我们也要客观、辩证地看待机会，在市场经济规律中，机会本身是一种制约条件，而且伴随着风险。

（一）微观旅游投资风险分析

旅游投资风险，是由于不确定因素的存在，是由旅游投资项目外部和自身的某种缺陷以及不为投资主体所能预计和控制的因素而造成的。旅游投资风险可分为系统性风险和非系统性风险两大类。

旅游业是一个关联性强、敏感、脆弱的行业，旅游投资活动若稍有不慎，则将造成巨大的损失。因此旅游投资者要树立强烈的风险意识，重视风险评估。要正确认识风险的特征，把握住风险的本质及其发生的规律。旅游投资风险的特征包括以下几方面：

1. 风险具有客观性。投资风险是由于不确定因素的存在而使投资者有造成损失的可能性，而这种不确定因素的存在是客观事物变化过程中的特性。

2. 风险具有不确定性。旅游投资者所面对的是一个瞬息万变的复杂环境，由于能力有限，投资者不可能从总体上完全认识和掌握其变化的规律。

3. 风险具有可预测性。投资者可以根据以往发生的一系列类似事件的统计资料，经过分析，对某种风险发生的频率及造成的损失大小和程度作出准确判断，而可能性变为现实也是要具备一定条件的。认识这一特征，对于防范和消除风险，不使风险的可能性变为现实具有重要意义。

4. 风险具有相关性。投资者所面临的风险与其行为和决策密切相关，同一风险事件对不同的投资行为者产生不同的风险，同一投资行为者也会因其决策或控制措施不同，而面临不同的风险结果。

微观旅游投资的风险是很大的，在旅游投资活动过程中，要对产生风险的客观条件进行慎重的分析。在这里我们把旅游投资风险的具体内容分为：一类是系统性风险，具体的风险事件包括：自然风险、经济风险、金融风险和其他风险。另一类是非系统性风险，具体包括：设计风险、施工风险、管理风险、市场风险、社区风险和其他风险。

（二）微观旅游投资风险的控制

投资风险是客观存在的，因此旅游投资者要树立强烈的风险意识，重视风险评估。在旅游投资决策阶段运用科学的方法和指标体系对风险进行评估，度量各种风险发生的概率及可能造成的损失程度。建立风险控制机制，在投资项目的施工、建设阶段，达到对风险的有效控制。

微观旅游投资风险的控制是旅游投资风险管理的主要内容和中心环节。它包括四个阶段：旅游投资风险的识别、旅游投资风险的衡量、旅游投资风险管理的对策选择、旅游投资风险管理实施与评估。

1. 旅游投资风险的识别

旅游投资风险的识别是对尚未发生的潜在的各种风险进行系统的归类和全面的识别。识别风险对旅游投资管理具有重要的意义。识别旅游投资风险的方法很多，随着科学技术的发展及经验的不断积累、丰富，各种方法逐步完善，也更趋合理，主要有：决策分析、可行性分析、统计预测分析、投入产出分析、风险分析问询法、财务报表分析、流程图分析、外部环境分析等。

2.旅游投资风险的衡量

旅游投资风险的衡量是对旅游投资风险发生的可能性或损失的范围与程度进行估计和衡量,准确衡量各种旅游投资风险及损失程度的大小,为旅游投资风险管理决策提供科学的依据。由于旅游投资风险发生的偶然性及旅游投资风险引起损失的不确定性,因而对旅游投资风险发生的频率和损失的严重程度很难作出准确的估计和衡量,比较合理的做法是以损失的严重程度作为评估的主要依据。对旅游投资风险损失评估应注意:(1)旅游投资风险损失的相对性。(2)旅游投资风险损失的综合性。风险衡量通常用数学方法和计算机来进行。

3.旅游投资风险管理的对策选择

旅游投资风险管理控制的对策选择,就是对各类型的旅游投资风险及可能的影响程度,寻找和拟定相应的风险管理方案,并加以选择。风险管理的基本目的,一是阻止损失的发生,二是支付不可避免的损失。其目标可划分为两大类:第一类,旅游投资风险控制对策。第二类,旅游投资风险财务对策。

4.旅游投资风险管理实施与评估

旅游投资风险管理实施与评估阶段是最后阶段,在各种旅游投资风险管理对策之间做出选择之后,旅游投资者的决策层应根据所选方案的要求,制定具体的投资风险管理计划,实行目标管理,并进行有效的指挥与协调。在实施所选择的投资风险管理对策的过程中,要及时地将各种信息反馈到有关部门,对执行风险决策的情况进行检查,并视情形及时调整和修正政策,使之更接近风险管理目标,使实际与计划的偏差缩小到最低限度。

第四章　旅游投资模式分析

第一节　旅游投资模式现状分析

一、旅游投资对象的分类与特点

投资对象从广义上理解，是指在某一地区，投入一定的人力、物力、财力、技术，在预定的时间和空间内，为完成一项或多项开发目标达到预期的效益目标而进行的投资建设活动。旅游投资对象是在一定的区域和时间内，投资主体根据旅游业发展规划和旅游市场的变化，将一定量的资源、资金投入到某一开发项目中，以满足旅游市场的需求并获取社会、经济、环境收益及效益的活动。

（一）旅游投资对象的分类

旅游投资对象因旅游业边界的弹性及旅游产品的特殊性而具有较强的广泛性，主要包括：

1.基础设施投资：公路、铁路、机场建设，供电、供水、供暖建设，通信、通讯投资，环保、环卫投资，景区停车场建设，安全消防投资，步行游道建设。

2.要素投资：饭店，旅行社，购物商店，娱乐设施，标识系统。

3.人力资本投资：旅游从业者包括导游、管理人员、专业人员的培训，旅游者旅游消费经验的培训。

4.环境营造投资：绿化，治污防污，园林设计，水系形成，城市景观。

5.更新改造投资：饭店、景区品质提升，市场秩序的维护管理。

6.宣传促销投资:文字宣传品、影视宣传品、网络宣传品、广告宣传品制作。

7.资源保护投资:资源保护,环境保护,景观保护,生态保护。

8.大型活动投资:大型活动、节庆活动、区域合作活动的举办。

9.品牌投资:旅游地品牌建设,旅游企业品牌建设。

在要素投资中,行、游、住、食、购、娱六个方面的投资大致分为基本需求要素投资和弹性需求要素投资两个层次。其中,行是第一位的,旅游活动是以人为市场,其市场营销不以物的流动为前提,而是表现为人的空间时序变化。所以,出游的第一要素是交通,要使旅游者进得来,出得去,散得开。第二位要素是住,旅游活动是一种时间的流动过程,具有不可存储的特性,只能借助某种载体延长其消费过程。饭店等住宿设施就是旅游活动得以延续的中继点,是支撑完整的旅游消费过程必需的要素。游是旅游活动中第三位要素,前两位要素是旅游活动得以进行的保证,而第三位要素则是旅游活动得以发生的前提,是旅游消费需求的最终目的,行、住、游构成了旅游活动中的基本需求要素,决定了旅游活动的基本框架和规模,在旅游开发投资过程中处于主要地位。食、购、娱三个要素则是附着于基本需求要素之上的弹性需求要素,它必须以基本需求要素为依托,在旅游开发过程中处于从属地位。但旅游产品是一种特殊产品,它不是从物质形态表现出来的具体的劳动产品,而是以多种服务表现出来的无形整体产品。

在把握基本需求要素投资的同时,通过旅游目的地、旅游产品、旅游市场的定位,进行市场形象的选择和塑造,造就在旅游市场中具有影响力和规模竞争力的品牌,提高旅游目的地、旅游企业在市场竞争中的无形资产价值。旅游品牌会主导旅游需求趋向,形成对市场资源的垄断,通过委托管理方式进行品牌延展,进行无形资产的扩张。

人力资本是因未来导向的投资行为而形成的,作为一个社会的"无形资产"和"非物质形态的设备"其重要性是第一位的。重视加强旅游人力资本投资,提高劳动力质量,是旅游经济发展的关键。从未来发展的角度来看，决定人类前途的不是空间、土地、自然资源，而是人口素质、技能和知识水平。人力资本是具有边际收益递增的生产力形态资本，具有价值增值性。其他条件不变，物质资本及人力资本的变动，致使生产率的提高。人力资本、物质资本不变，由它们决定的运行规则变化，致使生产率的提高。人力资本对生产力的影响广泛而深刻，设备、制度、劳动对象、综合管理水平等因素均会因人力资本的投资而受到明显影响。但人力资本的投资有明显的滞后性。居民个人人力资本投资有限，且从个人追求利益和需求角度进行投资，缺乏全面科学的决策；而企业人力资本投资具有很强的实用性，在提高劳动生产率的同时，创建和巩固企业文化和企业理念，促进员工的有序流动，培养员工的协作能力，强化合力效应。但对公共卫生、医疗保健、基础教育、劳动力迁移等公共产品或半公共产品的投资不足，存在严重市场缺点，这需要政府人力资本的投资。这种投资的收益不仅仅是经济上的，更包括政治、文化、艺术、道德、制度等多方面收益，国民享有共同知识，具有相同或相近的意识形态，具备知识创新能力和精神，是政府人力资本投资最具有意义的收益。旅游人力资本这种专业人力资本更需要政府的投资。

旅游服务的提供与旅游者对旅游服务的消费具有同时性，旅游者对某一服务的满意度不仅受旅游企业和服务人员的影响，而且受其他旅游者的影响。旅游者消费行为管理工作，保证旅游者在正确的时间正确地使用旅游服务。如果旅游者不了解如何消费，就有可能造成旅游服务设施、旅游资源、旅游生态环境的破坏，造成服务浪费，影响其他旅游者的的消费感知。因此，对旅游者旅游行为的培训及引导，向旅游者提供有关旅游消费知识信息，及时纠正旅游消费者在消费过程中发生的错误，策略地劝告消费者改变不良的消费行为是提高旅游企业服务水平、旅游者消费感知水平所必需的。

旅游目的地的发展是一个供需互动的过程。旅游目的地发展动力学理论认为：前来目的地的旅游者人数增加，会刺激目的地对设施的投资，一旦设施投资形成规模，目的地就希望旅游者数量能保持稳定,以保证投资的回收,此时目的地从被动接待转为主动营销,企图通过促销吸引更多的旅游者。旅游需求的波动性较大,而旅游供给的刚性较强,一旦旅游目的地进入成规模的开发阶段,目的地的整体营销活动就成为保证需求稳定、投资回收的必要手段。

(二)旅游投资对象的特点

1.多环节配合。旅游产业具有无边界的特征,与之相关联的有109个行业,旅游者的一次出游是一个多环节的消费服务链。旅游投资的收益需要产业之间的无缝链接与良性联动,需要旅游产业链各环节的提升与质量保障。

2.差异性大。由于旅游的产业链长,投资领域多,涉及的旅游项目的复杂性和差异性很大,创意创新集成的空间也很大。同时由于不同投资者的投资力度、回报率要求不同,形成了旅游商业模式上的巨大差异。

3.高投入与长效性的投入产出特征。随着经济快速发展,人们生活水平不断提高,城市化进程不断增强,旅游消费也呈现出从观光向休闲、度假升级的态势,消费的升级又引起产品升级。旅游产业也从原来的低门槛逐渐发展到目前的中高门槛,投资产业模式从"低投入,高产出"模式向"高投入,高风险,高产出"模式转变,旅游产业由"规模经济"转向"系统经济"。

但旅游投资高额度的资本投入,并不能产生快速的回收。旅游产业是一个持续回报—长效投资产业,旅游投资弹性强。从投资量来看,大中小项目都有;从投资回收期看,长中短项目俱备;从技术因素看,高中低项目齐全。

4.外部的约束性。旅游资源的现行管理中,大部分资源归国家,涉及的行政管理部门有旅游局、建设局、宗教局,民族事务委员会、国土局、林业局、环保局、文物局。国有旅游资源的利益主体及其产权、行政权、管理权的代理不断被转移、分割,使国家作为旅游资源所有者代表的地位模糊,资源产权虚置或弱化,各种产权关系缺乏明确界定,引起不同级别的政府之间、不同行政部门之间,以及资源经营者与管理者之间权益冲突。同时，现行法律也没有明确规定一种机制来法定谁作为旅游资源资产的代理人行使管理权，造成上下级政府的利益转移，也造成很多旅游资源不能进入市场流通，形成旅游资本化的障碍。

旅游历史文化资源往往积淀了深厚的文化内涵。这些资源是使旅游开发得以深化，并获得灵魂的基础。但这部分资源具有精神性，或附着于人类生活中，蕴藏于历史记载，或附着于建筑、山水之间，无法测量，无法评估，也易遭受破坏，其价值不完全属于国家，也不属于个人或集体，应属于创造文明的人民，对它的保护客观上造成资本化的限制。

5.旅游投资的高敏感性与高适应性并存。旅游业受政治动荡、军事冲突、自然灾害、流行病、金融危机、经济危机等影响非常大，但总体上旅游业抗风险和调适恢复能力也很强。

二、旅游投资主体行为分析

投资主体是从事投资活动的自然人或法人，是投资权利体、投资责任体、投资利益体的统一，包括投资所有主体、投资决策主体、投资实施主体和投资存量经营主体。投资的所有者主体负责提供投资资源，偿还负债并享受投资收益；投资决策主体负责方案的具体确定；投资实施主体负责按已确定的方案，组织投资的具体实施，将投资资源转化为资本；投资存量经营主体负责运用已形成的资本。在多元化投资主体条件下，任何一个投资者的意志都不能始终支配整个投资全过程，也无需承担全部投资风险，投资决策者、实施者、资产经营者服从投资主体共同意志的支配，但不听命于任何单个投资主体，这也给投资决策者、实施者、资产经营者提供了回旋余地和相对的独立性。

旅游投资主体可按多种标准进行分类。若按进行投资活动的目标分，旅游投资主体分为政府投资主体和民间投资主体。前者又可分为中央政府投资主体和地方政府投资主体。后者又可分为企业投资主体、家庭个人投资主体、社会团体投资主体。而企业投资主体，又可细分为政府背景的旅游开发公司，拥有资金及丰富经验的实业集团，拥有旅游资源优势的开发公司，拥有先过投资经验的外商投资企业，以及决策效率高、对市场信号效应灵敏、具有体制优势的民营企业。

(一)政府投资主体在旅游投资中的作用和地位分析

政府投资主体的投资目标是社会效益、环境效益及收益最大化，其中国家的安全，政权的稳定，社会的稳定，利益的公平，良好的经济环境、生态环境是基本的目标，而非单纯考虑投资的收益。因此政府主要投资于旅游公共工程，投资期长、资本需要多、风险大民营资金无力或不愿进入的领域，具有外部效益项目和跨区域合作项目。

旅游投资的整体性、系统性及外在性特征十分突出。外在性指未被市场交易包括在内的额外成本及额外收益。从经济学的角度思考，外在性表现为外在的社会成本和外在的社会收益。每个经济行为不仅包括了其自身形成的直接成本和直接收益，同时每个经济行为又对整个社会产生社会成本和社会效益。社会成本的高低反映了经济行为损害社会利益的高低程度。社会效益的高低反映了经济行为除了自身的经济收益之外，对整个社会所做出的贡献，这种社会成本和社会效益是存在于企业个体行为之外的连带影响。因此，作为企业来讲，企业追求的仍然是产量既定下的成本最小，或成本既定下的产量最大，即利润最大化及企业价值最大化。而外在性的存在，使企业将自己的成本向社会转移以缩小其自身成本，也不关心自己获利以外给别人带来的收益。外在性的这种独特性是导致市场失灵的主要原因。

经济学理论告诉我们，在存在外部效应的情况下，竞争企业利润最大化行为并不能自动导致有效资源配置，此时政府在投资地区及投资项目上的引导，政府的宏观调控与管理是必不可少的。政府应加大旅游投资的力度，加快旅游基础设施建设，改善旅游基础设施落后的局面，实现旅游投资地区、项目间的平衡；加强旅游投资管理功能，制定统一的旅游投资规划，对旅游企业和旅游开发公司的投资行为进行监督管理，实现政府行政部门从行政管理向为全行业服务的转变；构建旅游投资项目信息平台，消除信息不对称。

旅游资源无论是自然赋予还是祖先给予均是旅游发展的基础，当今旅游产业的发展是以旅游资源开发和地区经济发展为前提的。然而，在进入旅游行业时，旅游开发商获得旅游资源的成本几乎为零，其旅游开发成本仅仅表现在资本成本和建造基础设施的费用、相应的经费管理费用，这就决定了旅游开发商在后期长时期的经营过程中基于利润最大化、企业价值最大化的本能，关心的是自己直接投资品的运营，投资开发成本的收回，而很少关心之外的东西。旅游开发商并不关心旅游资源本身的命运，旅游运营中景区景点旅游资源的破坏、生态环境的污染、人文资源的破坏等社会成本无人买单。政府的主要经济职能就是纠正这种外在性导致的无效率，稳定整个旅游经济，对旅游资源进行有效配置。科斯定理告诉我们，外在性问题可以通过重新分配产权加以解决，但更多的外在性需要更多积极的政府干预：管控措施、经济惩罚、对采取修正措施者补偿、创造外部性市场等。

（二）旅游投资与可持续发展及生态旅游关系分析

旅游与可持续发展有着一种天然的耦合关系，在世界环发会议的纲领性文件《21世纪议程》中共有七处直接提到旅游业，生态旅游是旅游业可持续发展的一项重要内容，主要包括三个方面：(1)“无为型”旅游，即旅游者的行为不损害旅游景点的生态环境及旅游景观，旅游设施的建造不对生态环境带来破坏。(2)以自然资源、生态景观为对象进行的旅游。(3)注重营造人文生态的协调发展。这就要求生态旅游投资与一般旅游投资有所不同：(1)强调保护，服从生态环境的内在发展规律。(2)要求与自然协调的住宿及餐饮。(3)不破坏原有文化与自然的系统性、真实性和完整性。

旅游投资及经营成本是指经营者在旅游开发和经营过程中所产生的直接、间接经济支出，又可分为固定成本和可变成本。对旅游经营者来讲，固定成本表现为道路开辟修建、饭店建造、景点改造投资等设施的支出，具有一次性投入多年回收的特点，一旦投资则不随市场需求的变化而改变，具有一定刚性。可变成本则主要表现为雇用员工、购买用品、租用交通工具等支出，通常在旅游活动发生或旅游季节结束后即可收回，可灵活地根据市场需求的变化而予以调整。生态旅游的内涵及投资特点决定了生态旅游开发经营，从经济学角度看实质上是低固定成本和高变动成本的模式，低固定成本减少了对环境和当地文化的影响，高变动成本促进了旅游地区社会经济发展，并为生态保护提供了资本。

生态旅游在其投资、经营、发展过程中，投资者一方面通过固定成本的真增值（土地的增值）、抵押、出售、出租获取投资收益，另一方面通过降低可变成本获取经营利润，政府则通过税收获得投资收益，当地社区居民通过参与旅游经营活动、提供劳动力而获取收入。在这一过程中，旅游资源的保护，环境的保护有了一定的资金保证，同时旅游者获得高质量的旅游经历，使经济、社会、环境、人与自然统一协调发展，凸现旅游的经济功能与社会功能的融合。

（三）旅游投资扶贫效能分析

在实践中，社会经济是一大系统，各行业均有一定的关联性。行业关联程度有前向联系与后向联系之分：某一投资所形成的产品引起其他部门或行业需求叫前向联系，某一投资所引起的对其他部门或行业的需求叫后向联系。行业关联程度还有直接联系与间接联系，某一投资带来的直接需求的行业，叫直接联系，某一投资带来的间接需求的行业叫间接联系。旅游业是一个综合性、多产业整合的产业，一次旅游的完成直接涉及交通、旅行社、餐饮、饭店、商场、娱乐等大部门，间接涉及金融、保险、农业、医疗、通讯、公安等行业 70 个左右，就整体说，旅游关联部门高达 130 个左右。

旅游业的这种性质决定了其投资增值效应是较高的，萨缪尔森在《经济学》一书中指出："增加一笔投资会带来大于这笔增加额数倍的国民在收入的增加——即国民收入的增加额大于投资本身的增加额。"他在分析穷国发展的基本障碍时指出："穷国所面临的巨大障碍是如何将经济进步所必不可少的几大要素结合起来。这几大要素是：

劳动力、资本、资源和创新。而且这些穷国的现实是，妨碍自己发展的种种困难，在贫困的陷阱中互相作用，越来越难以自拔。”低收入水平妨碍储蓄水平，阻碍资本增长，阻碍生产率提高，从而保持低收入水平，要获得成功的发展，需要采取一些步骤在很多环节上打破这一循环。旅游开发是贫困地区打破这一循环的突破点。贫困地区土地资源、自然资源、历史文化资源丰富且呈现多样性，劳动力资源丰富，外来资本注入的同时带来的新观念、新措施有效地整合经济进步的几大要素，形成克服贫困地区恶性循环的突破口，使贫困地区有可能进入原始积累时期并形成经济发展的起点。在逐步过渡到经济进步的状态后，贫困地区经济逐步从绝对短缺型向相对过剩型过渡，旅游投资模式也应从过去单纯强调引资数量向提高引入资本的质量、提高旅游投资的投入产出率过渡，从而使旅游业成为支持贫困地区经济持续发展的动力。

三、旅游投资收益模式分析

任何投资都是以获取一定的预期收益为目的的，收益最大化是投资活动的核心基础和开端，是扩大再生产的前提。在市场经济中，因复杂的产权关系，形成多种投资主体：政府、企业、社会团体、家庭、个人。这些理性的经济人都以追求收益最大化为目标，收益可表现为能用货币量度的收入形态，也可表现为不能用货币量度的效益形态（广义投资收益）。

投资的货币收益是投资效益最主要也是最重要的组成部分，除此之外，投资还会产生一些不能用货币量度的效应：一方面企业的投资存在着内部效应和外部效应，外部效应是不能或目前不能用货币量化的，而有些外部效应即使可以货币化，也由于制度的缺陷性或技术的局限性而未能计入其投资成本，从而也就未计入其投资收益中；另一方面，政府的投资是以追求社会收益最大化，而不是单纯追求投资收益最大化为目标的，其广义的投资收益是指投资所带来的社会福利和效用的增加，旅游业因其行业特性决定其投资收益更多地表现为外部效应、社会效应、环境效应。

(一)旅游投资收益的形态

投资主体不同,投资对象不同,投资领域不同,投资收益也就呈现出不同的形态。旅游投资收益的形态主要有:

1.实物资本投资收益的形态

实物资本投资包括旅游基础设施投资、旅游房地产投资、旅游公共设施投资、旅游风险投资等。实物资本投资收益指投资人在一定时期所获得的经济利益,在财务上具体表现为现金流入或资本的增加或负债的减少。

销售收入是实物资本投资收益存在形态之一,是企业投资收益的基础,对企业投资收益的高低有着决定性影响。企业销售收入取决于企业业务量和单价(单位收费额)两个因素,与业务量和单价(单位收费额)成正比例关系。它首先用来弥补企业生产经营活动(劳务提供活动)中发生的成本和费用,若销售收入恰好等于企业生产经营活动中发生的成本和费用,则企业进行下一循环的生产经营活动就有了在上一循环规模基础上的再生产活动,即简单再生产;若销售收入在弥补了企业生产经营活动中发生的成本和费用后还有剩余,就形成了实物资本投资收益的另一存在形态——营业利润,从而保证了企业在上一循环基础上更大规模的再生产活动,即扩大再生产的资本需要。其公式如下:

销售收入=业务量×销售单价(单位劳务收费)

营业利润=营业收入-营业费用成本-营业应纳税务

2.金融资本投资收益的形态

金融资本是指以债券、股票等有价证券形式存在的虚拟资本,投资者在证券交易市场购买债券、股票、基金等有价证券的经济行为就是金融资本投资,其投资目的在于获取投资收益。金融资本投资的收益形态有三类:一类是债息或股息收益,另一类是资本利得收益,再一类是产生控制及影响效应,以拓展企业生存与发展的空间。利息是货币资金所有者在一定时期内放弃资金使用权而获取的一种报酬,一般按票面固定的利率计算;股息是股票持有者参与企业利润分配所得的红利,一般随企业经营状况的好坏变动;资本利得是指因证券价格在交易市场上的变动而给投资者带来的资本价差收益;控制及影响效应是指股票投资人在持有被投资企业一定比例的股票后,对被投资企业生产经营活动及投资活动产生的影响,从而使被投资企业的生产经营活动朝有利于投资企业的方向发展或拓展投资企业的活动领域,减少企业风险。

3.人力资本投资收益的形态

人力资本是人们将资源投向自身并经过一定的演化处理,最终体现在人身上的知识、技能、资历、经验、健康、协作能力等因素的总和。人力资本是技术进步在人类自身的体现,它的经济作用的发挥必须借着人作为劳动者参与劳动过程体现出来。人力资本的所有权只限于人力资本的载体,这就造成人力资本交易和转让的困难。人力资本作为社会的"无形资产"和"非物质形态的设备"是经济发展的关键,重视和加强人力资本投资,提高劳动力质量是旅游产业发展的必需。

人力资本因未来导向的投资行为而形成,其投资收益发生在未来,通常要持续一段相当长的时间,而其成本是发生在当前,其收益形态主要有五个方面:(1)较高的工资收入,(2)较大的职业机动性,(3)取得保健资本,(4)合理消费,(5)子女在文化教育方面受益。

4.产权资本投资收益的形态

旅游产权资本是指以产权为对象的投资,以旅游实业投资的部分或整体集合为投资要素的投资。产权投资的主要形式有兼并、收购、参股、控股等。收益主要是将分散的资本相对集中起来,使社会资源的配置不断优化,以提高生产经营的集约化程度,获得更多的利润,实现资本更快的增值。旅游产权资本投资收益的形态主要有四个方面:(1)形成规模经济效益;(2)提高管理能力和水平;(3)降低交易成本;(4)适应竞争需要,形成互补竞争优势和更大的竞争优势。

(二)旅游投资的具体收益模式

传统的观赏观光型旅游的收入模式结构可概括为“四入”的初级模式：一票（门票）、二道（索道）、三餐（内部餐饮）、四购（购物亭）的模式。随着旅游日新月异的发展和人们对旅游经济理解的不断深化，体验式的收入模式、度假旅游的收入模式、区域开发的收入模式、旅游地产的收入模式越来越多。这些收入模式具有组合性，区域开发收入模式的核心项目收入在投资开发的前期可能是最重要的收入，但不一定是最大的收入。除景区收入外，开发商享受到的土地增值的收入、项目合作的收入、房地产开发的收入随着开发的深度而成为重要收入。旅游小镇的开发则是公共建设开发、土地开发、旅游产业开发的有机结合，其收益也来自于这三大块，呈现出较高的附加值和溢出效应及经济带动性。现代旅游产业通过提供具备吸引力的体验内容结构，吸引人们的聚集，产生极大的区域聚集，带动一个区域城市化进程，形成游憩区、度假区、会展区、娱乐区、步行街区、购物区等，形成一个“收入群”。

（三）旅游投资收益与风险

旅游投资与其他投资一样具有一定风险，项目选择失误，把握市场不准，经营管理失当，创新观念不强，存量变化都是投资风险产生的领域。发挥政府主导作用，优化投资环境，采取削减资本运营费用，运用政府整合营销等激励政策；完善治理及一体化措施，更新营销观念及产品，吸收外国资本，采用分散风险等手段来规避风险。

第二节　旅游投融资模式比较分析

一、我国旅游投资存在的误区分析

我国旅游业快速发展，现行旅游投资的主要驱动力，一方面是由需求拉动的，主要特点是投资根据市场需求，向重点旅游区域集中。但这种自发性的投资活动，由于信息不完整、不充分导致投资活动的无序性和非理性。另一方面是地方政府采取政策招商引资驱动。在地方利益、市场需求的拉动下，外部对旅游业始终保持比较高的热情，但投资旅游所得到的回报率并不理想。旅游业宏观发展趋势与投资企业微观收益背离的现实，影响旅游产业对资本的吸引力，也影响旅游资源保护与旅游业的可持续发展。旅游投资的误区主要表现在以下几个方面。

（一）投资观念的误区

一是在招商引资时单纯倚重地方政府的政策优惠，忽略投资环境的综合改善。不少地区为吸引外来投资，降低企业所得税、土地税甚至减免税收，不断升级的竞争，已形成不分地域、一视同仁的普惠制，优惠政策已不再是一种稀缺资源。对于成熟的投资商来说，规范胜于优惠，制度重于政策，他们更关注政府是否致力于营造一个公平、透明的市场环境。同时税收优惠幅度对投资规模很少限制，导致投资规模轻型化和投资行为的短期化。

二是缺乏投资促进手段的有效利用。成功的投资促进手段是增加投资数量和提高投资质量的重要条件，促进旅游投资的根本，在于根据地区经济比较优势和各投资主体的需要，通过多种手段减少投资者的成本和风险。

（二）投资结构的误区

一是地区结构的不合理。我国旅游投资项目地区开发不平衡十分明显：经济发达地区，资金充足，但旅游资源开发空间十分有限。而在中西部一些经济落后地区，大量丰富的旅游资源处于闲置状态，得不到应有的开发与保护。

二是项目结构的不合理。主要表现在“四重四轻”：重旅游服务业的投资，轻旅游资源的开发和保护，出现不合理的利益分配格局；重旅游接待服务设施建设，轻旅游基础设施建设，没能给企业提供良好的环境；重住宿设施建设，轻其他接待服务设施投资，住宿设施的建设中，又重视高档饭店的建设，忽视中低档住宿设施的建设；重短期经济效益，轻资源的深层次开发，影响旅游业的发展后劲。

（三）投资决策的误区

受旅游业是“低投入，高产出”行业观念的误导，投资主体往往未对投资项目可行性进行论证就匆匆投资上马。旅游部门未建立与旅游投资活动相适应的投资管理机制和市场引导机制，且旅游投资多头管理，缺乏统一规划及地方保护主义，致使旅游投资宏观失控，微观失误。低水平重复建设造成资金巨大浪费，诱发一系列短期行为，破坏了旅游景区的自然景观和人文景观。

（四）筹融资渠道的误区

我国旅游业在较长的时期内，主要靠财政性资金；在社会资金方面，较多地依靠信贷资金市场，较少利用资本市场。我国尚未建立旅游专业投融资机构，在利用政府间和国际金融机构的资金援助方面基本处于空白。随着旅游项目的大型化和区域化，旅游业的单体投资规模相应增大，单一的投资商往往难以完成一个大型项目的投资活动。由于缺少相应的金融工具，无法将分散的资金集中起来，规模投资能力和投资效益相对较差。我国旅游业与资本市场的结合松散，没有形成依赖自身的资本运作和外部资金投入产出的良性循环和自主发展。

（五）人才培养的误区

旅游行政管理部门及旅游企业一直认为旅游人力资源素质要求低，进入门槛低，观念上不注重人才培养及再培养，也不注重人才的合理使用，“跳槽”现象严重。但随着市场竞争的日趋激烈，高科技在旅游业中的应用，对从业人员的素质有了更高的要求。由于新的科技、新的消费者、新的管理模式、新的环境因素的出现，旅游市场日益多元化，尤其是产业资本与金融资本、知识资本的结合，新时代旅游业的营运模式发生巨大的变化，这必然要求旅游专业人才有更好的素质和完善的知识结构。

（六）投资效益的误区

旅游投资直接效益低，从整体上讲，旅游业是具有行业比较优势的产业，但这种效益主要体现在综合效益和群体效益。就具体的项目来说，投资回报率不一定很高，反而还会成为影响旅游发展的因素。

二、旅游投资模式比较与选择

根据公共物品理论，社会生产消费的物品可根据其效用、消费供应的性质和特征分为三大类别：纯公共物品、准公共物品和私人物品。纯公共物品是那种向全体社会成员共同提供的且在消费上不具有竞争性、收益上具有排他性的物品。这种物品因有广泛的外部效应，社会效益、环境效益比较突出，但缺乏经济效益。在这一领域，应按政府投资运作的模式来运作，政府应提供必要的纯公共物品来满足供给。私人物品是指个别主体使用和消费的产品或服务，该产品或服务具有效用可分割性、消费的竞争性和排他性，即它可以单独消费，而且没有外部效应，供给也易于排他。该类物品应完全由市场提供，不需要国家投资或提供补贴，而成本的补偿和收益的实现可通过向消费者直接收费来实现，其投资可以交由全社会完成，应大力吸收私人投资和外资。准公共物品是介于公共物品和私人物品之间的产品和服务。它可分为拥挤性的公共物品和价格排他性的公共物品两类。拥挤性公共物品是指那些随着消费者人数的增加而产生拥挤，从而会减少每个消费者可从中获得收益的公共物品，通过向使用该类物品的消费者收取一定的费用，就可实现排他性，这类物品的提供可选择政府和市场共同介入的方式，如公路、机场建设，通常以政府的税收为资金来源，其受益者要向政府支付一定的使用费。再如电影院、运动场等休闲设施，其建设一方面来源于使用者的付费，另一方面也由政府补贴。而价格排他性公共物品是指那些效益可以定价，从而可以在技术上实现排他的公共物品。一方面其效用谁都可以享用，另一方面其在受益上可以排他，即谁花钱谁受益。这类物品在技术上可以实现排他，但其生产或消费可能产生正的外部效应。如果这类物品由私人部门通过市场提供，由此而带来的正的外部效应必须由政府给予补贴，否则出现供给不足。这类物品服务的提供应选择政府与市场相结合的方式，在市场运行的同时，政府应给予适当补贴或政策优惠，并在条件允许的情况下，适时把它们变为经营性项目。

旅游投资的对象类型及特点，决定了旅游投资主体的多元化和投资模式的多样化。

(一)旅游投资中政府资金主体投资模式

从国际经验看，政府介入旅游产业的建设与运营，大体有两种类型，即政府投资——直接控制生产，政府投资——间接调控生产。前者是指政府直接通过财政支出拨款给自己拥有的国有企业生产产品、提供服务。这种方式具有力度大、收益快的特点，主要有中央政府直接控制生产并向社会提供产品和服务、地方政府直接管理生产经营、地方(城市)公共团体经营三种方式。后者是指政府通过预算安排及其他政策，将旅游业的建设经营委托给他人。主要有五种形式：

1. 财政补贴。国家对旅游业财政资助的方式包括直接投资、减免税、无偿赠款、低息贷款、价格补贴、财政贴息、土地使用权无偿或低价转让等。

2. 授予经营权。实行特许经营的目标是在保护公共利益的同时，保证投资者能够获得最佳的财务收益。

3. 签订合同。通过政府和民营企业签订合同经营旅游基础设施项目。一般采取招标、投标、承包的方式。在签订合同之前，由政府部门广泛招标。对民营企业招标的方式多种多样，如提出一揽子服务，且收费最低的企业可以中标；依据政府规定的价格提供产品和服务，而要求代价数额最小的企业可以中标。政府对中标的企业有一定的优惠待遇。

4. 法律保护社会资金直接进入旅游业相关领域。

5. 租赁。租赁方式是指承包商向政府支付一定费用，获取某一旅游设施或某项服务排他性经营权的方式。在租赁方式中，政府为旅游基础设施提供主要的投资，而私人承包商则为使用这些公共设施付费。一项租赁合同往往给予承包商6—10年时间内连续获得收益的专有权利。

(二)旅游投资中社会资金主体投资模式

社会资金除直接投资于属私人物品、经营性的旅游项目以外，还可通过以下方式参与属准公共物品、准经营性旅游项目的投资。

1. BOT 投融资方式。即“建设——经营——设备——移交”方式。政府同私营性的项目公司签订合同，该项目公司负责设计、筹资和承建某项旅游基础设施，项目公司在协议期中拥有、运营和维护这项旅游设施，并通过收取使用费和服务费，回收投资并取得合理利润。协议期满后，这项旅游设施的所有权无偿移交给当地政府。采用 BOT 投融资模式，政府可以充分利用国内的民间资本及海外资金加快我国旅游业的发展，解决旅游业长期投资不足的问题，也为民间资本、海外资金投资旅游业提供一条有效投资渠道。另外 BOT 旅游项目投资大，期限长，风险大，因此投资方往往会在项目运作、市场调研、风险控制、运营管理等方面加大投入，这无形中带动了整个旅游行业的运营效率。BOT 旅游项目整个过程涉及多个投资主体，则风险也由多方承担，这无形中分散了项目风险。且政府对 BOT 项目自始至终拥有控制权，为政府干预提供有效途径。

2. PFI 投融资方式。又称民间主动融资，是指将旅游项目通过招投标，由获得特许权的民营企业或外国企业负责项目的开发、建设和维护，并在特许期结束时将所经营的项目完好地、无债务地归还，届时由原投资者自己继续经营，也可以在项目的有效寿命期内另行招标。而原投资者则在特许期内每年向民营企业或外国企业支付根据使用率而确定的租金或使用费。民间主动融资是一种类似于 BOT 的项目投融资方式，以私人资本和贷款方式进行融资。其目标有二，一是作为政府对旅游业投资的出资替代，促进民间资金及外资参与社会资本投入，减少政府财政支出的压力；同时通过民间资金及外资参与，导入竞争机制，提高运营效率，促进创新，提高经营收益。二是政府同私人部门共同对旅游项目规划、筹资、建设，运营过程中共担风险。

3. ABS 投融资方式。即资产收益证券化融资，是以项目资产可以带来的预期收益为保证，通过一套提高信用等级计划在国际资本市场发行债券来募集资金的一种项目投融资方式。运作过程是：通过组建特别旅游公司，选择能进行资产证券化融资的对象，并以合同、协议等方式将政府项目未来现金收入的权利转让给旅游公司；旅游公司直接在资本市场发行债券募集资金或者由目标公司信用担保，由其他机构组织发行，并将募集到的资金用于项目建设；旅游公司通过项目未来现金收入偿还债券本息。债券利息率低，且中间环节少，故筹资成本较低。因资产收益证券化投融资方式本质上是出售项目的预期收入而不是负债，可使原始投资人通过这种方式获得资金而不增加负债，使项目的资产结构良性运转，且其清偿债券本息的资金仅与项目资产未来现金收入有关，规避了风险。

4. TOT 投融资方式。是国际上通行的一种投融资方式，意为“转让——经营——转让”。通过把已投产运行的项目在一定期限内移交给投资者经营，以该项目在该期限的现金流量为标的，一次性从投资者那里获得一定资金，用于开发建设新的项目，而投资者在约定的期限内拥有该项目的经营权，通过该项目资产取得的现金流量收回全部投资和合理回报后，再把原来项目移交回原经营者。这种投融资方式的特点一是以现有资产项目为基础，无需偿还资金，因而风险较低。二是投资购买的是已建成资产的产权和经营权，注重的是盘活存量资产，提高服务质量水平，提高客户满意度。

第三节 旅游投资新趋势与特点

国家旅游局对“十一五”期间中国旅游投资进行前瞻性分析，“十一五”期间我国旅游投资出现以下特点和趋势。

一、旅游投资势头旺盛，增长较快

在投资规模上，从各地数据统计来看，全国“十一五”将要开发的大型旅游项目达12 697个，大型旅游项目投资总额将达17 888.71亿元，比“十五”期间开工建设的旅游项目总投资8 281.5亿元增长了116%。“十一五”期间将是我国旅游投资高峰期，投资规模总量将大大提高。这与我国旅游业正处在发展的“黄金期”和产业的转型升级期的现实情况基本吻合。

(一)旅游消费需求爆发增长

随着我国国民经济持续、快速、健康发展，人们的旅游消费能力日益增强。根据世界旅游发展的一般规律，当人均 GDP 达到 3 000 美元的时候，旅游消费呈现爆发式增长，目前我国人均 GDP 即将突破 2 000 美元，按现在的增长速度，到 2015 年前后我国人均 GDP 将达到3 000美元，旅游经济实现翻番增长。也就是说，现在所有的旅游接待设施、保障能力，包括宾馆饭店、景点景区、度假场所等等，都要成倍增加。

(二)旅游消费需求对旅游业态提出新的更高要求

加快发展服务业战略的实施，旅游业作为服务业中关联度高、带动性强的动力产业，必将率先得到发展。尤其是加快发展服务业，逐渐会由经济结构的调整，带来社会形态的转变。我们将经历一个由生产型社会向服务型、消费型社会转变过程，人们的生活方式也将发生变化，追求物质消费的比例将下降，而精神享受型消费的比例将上升，休闲将逐渐成为人们重要的生活方式。

(三)旅游业进入发展的“黄金期”

我国将全面实行带薪休假制度，使人们的旅游需求得到合理的释放，旅游市场规模进一步扩大，休闲度假成为时尚和小康社会的重要标志，相关度假产品市场也将成为吸纳就业的重要基地。今后一个时期，是旅游业发展的黄金阶段，也是旅游吸纳就业的最佳时期。

(四)旅游业的快速发展将带动经济发展和社会进步

我国旅游业飞速发展至今，其对经济社会的直接功能和间接功能都日益明显。对国民经济发展，旅游业既有直接创汇、直接增加社会服务、产值增长的作用，也有扩大社会消费、拉动其他相关产业迅速增长、缩小区域间经济发展差异等方面的间接贡献。对社会进步，旅游业在满足引领国民日益增长的社会需求和持续提升国民综合素质、传承传统民族文化和建设社会主义新文化体系、增进国际交往和提升本国国际形象等方面的作用也越来越重要。

从投资集中区域上看,“十一五”期间,西部旅游投资增长迅速。“十一五”时期,东部地区的旅游投资继续保持较快增长,但相对而言,东部地区的旅游投资在全国的投资总额的比例下降,由46%下降为40%,中部和东北地区的投资占全国的比例维持不变,而西部地区则由原来的占26%上升到占33.34%。

二、在旅游投资主体结构上,社会资本大规模投资旅游业占主体地位已不可动摇

从全国“十一五”期间旅游投资来源统计资料来看,政府3 111.4亿元,企业10 868.13亿元,外资1 385.61亿元,分别比“十五”期间增长了154.86%,134.07%,48.73%。其中,政府投入由“十五”期间的占总投资的16%,上升到“十一五”期间的17.8%,增长1.8个百分点;企业投资上升2.24个百分点;“十一五”期间各类银行贷款占总投资的比重与“十五”期间持平;但外资所占比重由“十五”期间的12%下降4个百分点,为7.9%。但从总体上讲,各类企业投资占主体的地位比较明显,所占的比例均在60%以上。日益显现的西部大开发的效应,将把西部以旅游为龙头服务业态提高到一个新的水平。

总体上看,政府投入在增长,但东、中、西部的增长幅度不一样。东部地区政府投入增长速度低于中、西部地区,东部地区政府投入占政府总投入由“十五”期间的40%下降到32%,中、西部地区则由原来的16%、36%分别上升到24.5%和38.27%。中部地区上升的比较明显。

从企业角度看,“十五”期间企业投资总额为4 643.03亿元,其中,国有企业833.86亿元,占总额的17.95%;股份制企业1 869.84亿元,占总额的40.29%;其他成分的企业1 939.33亿元,占总额的41.76%。“十一五”期间我国旅游企业投资预计将达10 868.13亿元,其中,国有企业1 522.43亿元,占总额的14.02%;股份制企业4 297.49亿元,占总额的39.54%;其他成分企业5 048.21亿元,占总

额的46.44%。从以上数据可以看出，旅游投资企业结构将发生略微变化，国有企业投资比重将继续略有减少，股份制及其他成分企业投资略有增长。说明我国的企业改革后，国有经济比重下降，混合所有制经济比重上升。

三、旅游投资流向集中在景区、饭店和基础设施

在"十五"期间，主要服务于旅游业的基础设施的投入有1 667.12亿元，占投资总额的23%；旅游饭店项目投资1 805.59亿元，占投资总额的25%；旅游景区项目投资2 655.48亿元，占投资总额的37%；旅游车船项目投资139.617亿元，占投资总额的2%；人力资源培训项目投资41.56亿元，占投资总额的0.6%；旅游演出点项目投资76.77亿元，占投资总额的1.1%；旅游购物项目投资383.35亿元，占投资总额的5.3%；其他项目投资422.403亿元，占投资总额的5.9%。而"十一五"期间旅游业的基础设施投资3 691.45亿元，占投资总额的20.63%；旅游饭店项目3 409.97亿元，占投资总额的19.06%；旅游景区项目投资8 003.82亿元，占投资总额的44.74%；旅游车船项目投资447.97亿元，占投资总额的2.5%；人力资源培训项目投资103.03，占投资总额的0.5%；旅游演出点项目投资196.22亿元，占投资总额的1.09%；旅游购物场所项目投资627.12亿元，占投资总额的3.5%；其他项目投资1 409.13亿元，占投资总额的7.87%。

"十一五"期间的旅游投资主要集中在景区、饭店和基础设施方面，三者占总投资额的84.43%，并以旅游景区投资为主，基础设施投资的比例有所上升，而饭店项目的投资比例有所下降。

四、区域投资流向差异化明显

由于东、中、西部经济发展总体水平不一，各地旅游要素发展程度不同，对旅游投资的流向存在差异。"十一五"期间各地旅游投资流向差异更加明显，中西部地区旅游资源丰富，但基础设施仍不完善，

以资源保护为前提、地域特色为重点的景区深度开发力度需进一步加大，这些将成为中西部地区“十一五”期间重点投资领域。东部沿海发达地区投资流向更多的趋向于高档的休闲度假村、高星级饭店、特色综合型主题乐园。

第四节 旅游投资模式构建与对策

一、旅游投资项目要进行必要的社会评价

旅游投资项目的社会评价是指分析项目建设、实施与运营对社会经济、自然资源利用、自然与生态环境、社会环境等方面的社会效益与影响，分析项目实施过程中可能出现的各种社会问题，提出尽量减少或避免项目负面社会影响的建议和措施，以保证项目的顺利实施和积极效应的持续发展。

旅游现象是人们短期跨地区流动所产生的社会、经济现象的总和。旅游开发项目是坐落在旅游目的地特定的社区中的。旅游项目的投资建设，意味着将当地的自然、生态、历史、文化、社会风俗等具有“公共产权”性质的资源开发为可出售的满足旅游者需要的旅游产品，将为当地带来经济效益和就业机会。同时，旅游开发也必然会与当地居民或其他产业争夺有限的资源——从土地、水源、山林、能源、道路直到食品、日用物资，将引起物价浮动、交通拥挤和能源紧张，还常常因环境质量问题而要求某些工矿“关、停、并、转”，有些居民会被迫改变他们的职业和工作，个别的还要迁居。但现实中，由于利益集团对旅游开发的主导，旅游项目所产生的收益、代价和机遇的不平等分配，加剧了当地社会的收入分层和社会分化。随着大批量旅游者接踵而来，同当地人发生接触，甚至将当地人当成了观赏目标，将影响甚至冲击当地人的社会生活、自我认识、文化习俗甚至社会形态。旅游开发的社会影响是不容忽视的。

在旅游项目规划中，应科学预测旅游项目建设和运营带来的社

会、经济、环境影响，从利益相关者的角度考虑如何通过旅游发展促进参与发展，增加公平，促进当地和谐社会的构建，尽量减低或避免旅游开发对社会、文化的负面影响，使旅游业真正起到引领国民日益增长的社会需求、持续提升国民综合素质、传承传统民族文化、建设社会主义新文化体系、增进国际交流、提升本国国际形象的作用。

二、政府投融资模式的改变

（一）旅游资源的资本化

旅游资源作为一种具备产生收益的基础资源，也是具有资本属性的资源，旅游资源开发与资本市场可以建立起资本纽带关系。在我国，旅游资源资产难以改制上市，主要原因是国家对旅游资源管理尚未建立起完善的法律体系，对旅游资源资产的评估、权属证的管理发放缺乏有效机制。旅游资源的管理多渠道导致各方行为的不协同，加上旅游资源本身自然属性与社会属性有价值偏差，导致旅游资源开发与资本市场存在屏障。但这种屏障是可以克服的，若从资源开发的意义上来分析，我们可以把开发对象作为最初资本来看待。旅游资源的资本形态可分为三个层次：

1. 旅游资源区土地资本

即自然形成的地质地貌、山水景观、生物群落、植被环境。

旅游资源区域的土地，具有资本的属性，为国有资产。土地的价值因资源的吸引力及可开发性的不同而不同。土地一般是与土地地质地貌及人文景观密切结为一体的。政府大多数在进行旅游资源开发时，一般不将已具有国家评级的风景内核心资源区的土地的使用权向开发企业转让。很多旅游资源区，政府为了吸引投资者，在土地使用权上给出了旅游投资优惠政策，如旅游项目建设用地可通过出让、租赁、作价入股等有偿方式提供国有土地使用权用地若干年。

2. 旅游自然资源及建筑等物化的人文资本

即历史上及当前建设并保留下来的地上、地下的各类建筑物、图画、器物等物化人文资源。

这是旅游资源的主体，具有自然物理的特性和人文物化特性。这些资源的价值，对于旅游吸引力的建构具有核心的作用。目前有市场比较法、收益还原法、成本法、假设开发法、长期趋势法等多种评估方法。旅游资源资产属于国有，当转让土地使用权时，相应的资源也就随之转移，不存在脱离土地使用权的旅游资源权属。目前旅游资源开发经营权的权属概念是指开发并享有开发后收益的权利。在土地使用权及旅游资源所有权不转移的前提条件下，出让旅游景区的旅游开发经营权已经成为现实，如对具有较强开发潜力和市场前景看好的景区、景点项目允许以景区资源抵押形式进行资本融资等。

3.旅游历史文化资本

作为旅游资源，往往积淀了浓厚的文化内涵，如民俗风情、神话传说、历史事件等等。这些资源是使旅游开发得以深化，并获得灵魂的基础。因此，就旅游开发而言，这些资源价值很大。但由于这些资源具备精神性，无法进行测量，更无以评估。从开发角度看，这些资源具有资本性，其价值不完全属于国家，也不属于个人或集体，应属于创造文明的人民。

政府作为一个地区管理者，拥有对旅游资源建设和开发的许多权力，而这些权力本身就是一种资源，政府要善于利用这种资源，通过市场创造出高效益。具体来说，政府可以运作以下无形资源：(1)冠名权。可以把旅游景区道路、桥梁、广场、绿地等大多数基础设施当做一般产品，拍卖它们的冠名权，或者允许企业以建设换取冠名权。(2)特许权。(3)广告权。即通过出售旅游道路两侧以及重点地段的广告设置权引进资金。(4)领养权。指鼓励企业、个人以有偿方式对有关旅游设施如树木、绿地等进行领养。

(二)政府通过发行国债筹集旅游基础建设资金

政府在提供一些大型旅游基础设施时，如果这些费用以税收来支付，则对当期纳税者来说不符合公平负担原则，而通过发行国债把这些费用转嫁至将来实际享受这些福利的人身上是比较合理的。而且，由于政府安排一些大型旅游建设项目所需资金数目巨大，很难完全以政府分配的财政支出资金解决，所以政府需要通过一个旅游国债计划，以筹集部分资金，支持公共用品项目、旅游基础设施项目、旅游智力文化开发项目的建设。

（三）地方政府通过发行旅游市政债券达到筹集地方旅游投资项目建设资金的目的

市政债券，是指由地方政府及其代理机构或授权机构发行的一种债券，也称地方政府债券或地方债券。包括一般债务债券（是指由地方政府的一般征税权力为担保的，需以政府的税收来偿还的市政债券）和收入债券（是指由地方政府的事业收入担保，由这些事业所获得的收入来偿付的市政债券。这种债券或是为了项目融资而发生，或是为了企业融资而发生，即债券发行人抵押给债券持有人的是经营有关项目的收入）。目前，美国、德国、日本等发达国家已经形成了成熟完善的市政债券市场，市政债券与国债、企业债券、股票、投资基金等一起，共同构成了完整统一的证券市场。市政债券成为这些国家地方政府融资的主要途径，在地方经济发展中发挥非常重要的作用。

我国1995年开始实施的《中华人民共和国预算法》第二十八条明文规定："除法律和国务院另有规定外，地方政府不得发行地方政府债券。"故我国地方政府通过变通方式采取"准市政债券"进行融资。"准市政债券"是指那些由和地方政府有密切关系的企业发行、所募资金用于城市或地方基础设施等用途的债券。

准市政债券拓展了地方旅游基础设施建设的融资渠道，实现了基础设施建设投融资主体的多元化，缓解了旅游建设资金短缺的局面。从短期来看，我国准市政债券有着较好的发展前景，由于各省市的旅游基础设施建设需要巨额资金的支持，在法律不允许地方政府发行市政债券的情况下，发行准市政债券最好采取收入债券的形式，作为特定的经营渠道，准市政债券需要的资金则主来自于投资项目所产生的现金流。这一安排有两方面的好处：一是可将企业经营项目、债券发行和政府支持紧密结合起来，妥善完成债权的还本付息，降低准市政债券的风险；二是在债券发行上比较容易通过计划委员会、人民银行的审批。

当然，准市政债券只是在我国现行的经济环境和制度框架下的一种过渡性金融产品。从长远来看，借鉴国际经验，允许地方政府发行市政债券势在必行，是加快地方基础设施建设、促进地区经济发展、提高地区经济竞争力的内在要求。

(四)政府旅游发展基金向产业投资基金的转化

我国旅游开发的资金来源单一，基本上都来源于各级政府的财政拨款，投入基本上是以贷款或以提供贷款贴息的形式对旅游投资项目提供支持。旅游投资项目的收益与旅游发展基金没有必然的关系，发展基金的增值依赖于所支持项目的还款和利息。一部分用于宣传促销的费用纯粹属于消耗型支出，旅游发展基金的增值空间非常有限，基金的发展壮大依靠财政注资。这对基金的成长以及运作效率的提高形成制约。同时投资模式隐含较大的道德风险，政府职能部门更多的是以行政手段代替市场手段对所投资的项目进行调控，基金投资项目缺乏市场化的控制和管理机制。这种建立在地方政府财政拨款注资基础上的发展基金，在运作上需要充分考虑地方各个利益体的诉求，在一定程度上使旅游产业发展基金的投资效率缺乏机制的保证。而政府部门对项目的营运以及管理没有直接的管理工具，项目公司治理结构层面上也没有直接的发言权，项目容易被投资商控制，项目投资商和发展基金的管理部门之间存在信息不对称，难于防范基金投资项目的道德风险。基金的投向分散，投资效率和投资效果存在瓶颈，影响了产业发展基金对旅游产业的促进和扶持作用。

由此可以看出，旅游发展基金要继续促进旅游产业的发展，在市场经济条件下需要市场化操作。产业投资基金为政府旅游发展基金的市场化提供了可能。

产业投资基金是指通过发售基金份额募集资金形成独立财产，交由专业的投资管理机构按照资产组合原理直接投资于特定产业的未上市企业或项目，并通过资本运营和提供增值服务对所投资企业加以培育和辅导，使之成熟和壮大，以实现资产的保值增值，从而获得投资收益的一种投资方式。

按照投资阶段与投资领域的不同，产业投资基金可以分为创业投资基金（风险投资基金）、企业重组基金和基础设施投资基金。产业投资基金最本质的内涵在于为投资对象提供资本支持与经营管理服务。产业投资基金具有如下特征：第一，以非上市股权为主要投资对象，并在公司中拥有较多的股权。第二，积极地参与企业的管理，在相当多的情况下对企业管理具有较大的影响力，通常会参与公司董事会，并派出管理人员参与公司的经营管理。这种管理不仅表现在对投资对象的日常营运进行监督管理，还表现在对投资对象的经营战略、形象设计、组织结构调整等重大问题的决策上。第三，投资过程通常伴随对投资对象的重组过程。

风险投资，是指投资于极具发展潜力的创业企业并为之提供专业化经营服务的一种权益性资本，其本质内涵是以资本支持与经营管理服务培育和辅导企业创业与发展。风险投资基金只是风险投资的其中一种形式，存在如下优势：第一，由于风险投资基金具有较大的资金规模，因而能够通过组合投资分散和规避投资风险；第二，由于实现了专家管理，因而有利于提高运作效率；第三，由于实现了专家管理的机构化，有利于市场对其进行及时评价和监督。

企业重组基金是一种专门投资于需要重组的企业并积极参与企业重组活动的产业投资基金。由于企业重组基金具有发现价值（发现那些价值被低估、有发展潜力的企业）和创造价值（通过重组提高企业的效益）的功能，企业重组基金将为投资者获得较高的投资利润。

基础设施投资基金，是指主要投资于基础设施领域的未上市企业的一种产业投资基金。其作用主要有：弥补基础设施投资的巨额资金缺口，减轻国家财力的负担；降低基础设施领域企业的负债率，从而提高这些企业进一步融资的能力；为投资者开辟了一条风险适中、收益相对稳定的投资渠道；通过引入私有资本，培育出按照市场化原则运作、真正对投资风险承担责任的新型投融资主体；通过基金投资者强有力的产权约束机制和发挥基金的专家管理优势，改善建设项目的经营管理，提高基础设施建设的投资效率。

（五）政府投资职能的转变

在我国旅游业发展的新趋势、新特点前提条件下，政府部门应加快职能转变，从直接的投资管理向间接的宏观指导及引导转变。

1. 建立适应市场经济特点的旅游投资引导机制，采用协调、引导、规划和其他间接性政府工具等手段，引导社会资金流向合理区域、合理项目上，避免社会资金的过于集中或分散。发挥政府的监管职能，对旅游企业和旅游开发公司的投资行为进行监督管理，避免有些企业一味地追求利润最大化的浅层次行为。

2. 加大旅游教育投资。旅游教育和旅游培训是同一事物的两面，前者注重的是教育对象的理念，后者强调的是培训对象对技能的掌握。旅游教育投资的主体应该是政府，旅游培训投资的主体应该是企业。培养具有国际化视野的跨国人才、复合型的旅游专业人才是旅游教育投资的重点，尽快将旅游方面丰富的人力资源转化为人力资本。

3. 优化旅游投资宏观环境。首先，政府要树立符合当代特征和市场潮流的旅游资源观、产业观、发展观，把观念创新付诸规划和发展的具体行动中。其次，应协调相关部门在旅游项目审批、税收、土地等相关方面制定优惠的政策，推动制定鼓励旅游投资的产业政策，协调投资政策，规范投资机制，从宏观上保证资金的合理利用，实行投资的行业差别政策和区域差别政策，通过税率等经济杠杆及适宜的优惠政策，促使外资流向旅游基础设施建设等资金缺口较大的部门，引导资金进入中西部内陆腹地。再次，尽快出台旅游业投资管理法规，以立法手段避免旅游业投资中的非理性化行为和违法行为。

4. 建立旅游投资管理服务系统，加强信息沟通，消除信息不对称。主要包括：逐步建立起专业化的旅游投资咨询公司、专门负责旅游业招商引资的服务机构；建立旅游开发项目的资料信息库，并定期地发布指导性的分析报告和信息；举办旅游投资研讨会、招商交易洽谈会；利用电子信息平台让企业方便、快捷地了解旅游项目的最新动态。

5. 建立旅游投资风险预警机制。旅游投资是一种投资回收周期较长的投资行为，存在着一定的风险和不确定因素，要指导投资者适当规避投资风险大且回收周期长的项目；加强对投资者风险防御意识的培育；设立宏观监测体系和旅游风险预警系统；定期向投资旅游的企业公布市场供需信息，指导企业调配人力、物力、财力，实现供给和需求的相对平衡。

三、加快民营资金对旅游业的大规模注入

据国家旅游局预测，未来十五年，我国旅游投资需求将呈现持续旺盛的态势。到2015年，在现有8 600亿元总投资的基础上，需新增投资5 000亿元。而2010年至2020年，每年需要1 000亿元的投资规模，在现有投资中活跃的民间资本是耀眼的亮点。其中有两大力量不容小窥：晋商和浙商，这是国内资本市场上两支实力雄厚的力量。晋商以矿产资源致富，浙商以制造业起家，这两项分别是资源密集型产业和劳动密集型产业。进入WTO后，浙江的小商品制造和贸易受到冲击，山西的煤矿业主也需要考虑资源枯竭的一天。在资本走向何处上，晋商和浙商同时将目光投向旅游资源，投向旅游业这一可持续性强的“绿色”投资领域。

浙江省政府为了吸引民营资金注入旅游业，曾出台一系列的政策（见表4-1）。浙江省旅游经济发展的历程，在一定程度上反映了政府行为强制性与市场利益诱致性相结合，内部来源与外部来源两种动力相结合的制度变迁轨迹。民营资本在响应获利机会时自发组织和实施的诱致性变迁，是通过政府主体的积极倡导和参与实现的。民营资本在制度变迁中扮演着第一行动集团的角色，政府的主要功能是通过产权的界定和保护，助民营资本一臂之力。这种带有明显市场主导特征的旅游经济制度，比较典型的表现形态是利益驱动、民营投资、自主决策。因此，一批民营资本在不确定的环境中，为获取潜在收益率先行进入旅游景点的开发，并取得巨大的利润。追求效用最大化的其他行为主体响应获利机会，纷纷加入旅游开发行列，以获取潜在的旅游净收益。政府主管部门因势利导，适时出台了一系列鼓励政

策，典型的是资源让利政策。政府还对包括旅游管理制度、旅游收益分配制度、旅游促销机制、景点整合机制、景区门票制度等一系列体制和机制进行了改革。此外，政府在投资基础设施配套等公共旅游产品和准公共旅游产品上，为民营资本发展壮大做好了铺垫。

表 4-1 浙江省近年来加快旅游业发展若干政策

年份	政府文件	与旅游投资相关的内容
1997 年	关于加快旅游业发展若干意见的通知	"国家、集体、地方、部门、个人一起上"，"谁投资、谁受益"。
1998 年	关于大力发展个体、私营等非公有制经济的通知	"除国家法律和政策明令禁止的以外，允许非公有制企业自主选择经营范围和经营方式"。
2001 年	关于进一步加快旅游产业发展的若干意见	重点引导社会资金投向重点项目和相关基础设施，鼓励社会民间资金通过各种形式参与旅游产业的开发和建设。
2003 年	浙江省人民政府关于促进和引导民间投资的意见	放宽投资领域，拓宽融资渠道，实施公平合理的配套政策，注重扶优扶强，强化服务引导。
2004 年	关于建设旅游经济强省的若干意见	"国有旅游企业要以产权制度改革为重点，鼓励民资、外资通过收购、兼并、参股等形式实现产权多元化"。按照旅游资源所有权、管理权与经营权分离的原则，以特许、转让、承包、租赁等方式，积极吸引社会资金参与竞争性旅游项目的开发与建设。
2006 年	关于鼓励支持和引导个体私营等非公有制经济发展的实施意见	"鼓励非公有资本投资商贸、物流、信息、会展、旅游等现代服务业"。

民营企业加盟旅游业是中国旅游体制投资形式多元化的标志之一。长期以来，中国旅游业受制于资金短缺问题的困扰，产业发展的巨大潜在优势还远没有充分释放出来，特别是中西部地区，基础设施建设严重滞后于产业发展的需求，成为旅游经济规模增长的最大制约因素。因此，要充分发挥政府在促进旅游业发展方向的引导作用，积极推进旅游投融资体制改革。通过制度创新，构建与市场经济相适应的产权制度、治理结构、运作方式和管理机制，大力吸引民营经济投资旅游业，形成投资主体多元化，以推进我国建设世界旅游强国战

略的实施。

民营资本对旅游产业的注入有两种模式：一种是现有旅游市场上比较多见的大型民营企业直接进入旅游市场，由具备实力的民营企业直接进入行业经营。这样将其作为发展多行业、集团化公司的手段，起到扩大实力、弘扬品牌的作用。另一种是由民间资本进行投资，由专业的旅游机构进行经营和管理或建立旅游开发股份合作公司，向社会定向募股，引入资本金，并建立股东委员会参与管理。

投资旅游业的民营企业大致可以分为三类：一是以个体、私营经济为主要成分的股份制公司或股份合作制公司，集社会散资为整金投资，共同开发旅游。二是原来就做旅游业并在其主导产业上积累了实力的旅游企业集团，企业规模的扩大使其有实力进行扩张投资，寻找产业中新的高效投资项目。三是原先做其他产业的大型企业集团，在企业的发展中，寻找新的投资方向，谋求跨行业发展。这三类民营企业在对旅游业进行投资的过程中，表现出以下共同特点：

（一）投资景区（景点）成为民营企业投资旅游业的切入点

由于旅游活动的综合性特点，使得旅游业具有广泛的内涵，旅游景区（景点）在整个旅游产业中处于核心地位，是引发和满足旅游需求的主要吸引物，是带动一地旅游产业发展的龙头行业；同时要提高旅游目的地的竞争力，将丰富的旅游资源转化为一流的旅游产品，借助名山秀水和文化性资源开发的产品成为目前中国旅游投资回报最高的领域。正是出于对旅游景区（景点）重要地位的认识，民营企业往往将景区（景点）作为投资旅游业的切入点，为今后开辟更加广阔的旅游市场打下坚实的基础。

（二）占有资源成为民营企业投资旅游业的一大动机

旅游的巨大市场机会和潜力，成为民营企业投资旅游产业的根本动力，相当多的民营企业投资旅游业更为直接的动机是以此为途径占有资源，资源从某种意义上来说就意味着财富。政府为了鼓励民营企业投资旅游业，制定了一系列优惠政策，在用地政策上相对容易开绿灯，特别在土地的征用价格上尤其给予优惠。由于土地价值的不断上涨，公司通过地产交易也可以取得丰厚的收益，再加上这种优惠政策具有时效性，更加刺激了民营企业投资旅游业的积极性。

（三）兼营房产（景观房产）成为民营企业投资旅游业的一大特点

旅游房地产是利用旅游区域的景观、生态、文脉和人气资源为开发契机的地产开发或以旅游度假需求为目标市场的地产开发营销模式。目前我国旅游房地产开发的形态主要有休闲度假住宅、产权分时度假酒店、高尔夫别墅、主题旅游度假社区等。我国经济发展在未来几年仍会保持较高的速度，随着经济的发展，国内居民可支配收入大幅度攀升，旅游地产所需要的经济环境已经初步形成。同时每年115天的休假和法定带薪休假为国民提供了充足的休闲度假时间。一些颇有实力的民营企业借助地产来开拓利润空间，在投资旅游业的同时兼营房产，在投资房产的同时兼营旅游业。

（四）灵活的经营机制成为民营企业投资旅游业成功的一大要素

民营企业投资旅游业给旅游业的发展带来了生机和活力，取得了巨大的经济效益，究其原因在于：民营企业具有国有企业所不能比拟的灵活的经营机制，民营企业是真正意义上的自我发展、自我约束、自我经营和自负盈亏的市场主体，使得民营企业能够最大限度地体现市场行为。正因为民营资本机制灵活，注重市场，善于营销，同时强化旅游创新，以创新来求生存求发展。当进入一个新的领域时，民营资本都会进行适当超前的开发战略，深度开发旅游生产要素，通过与当地风俗的整合，形成区域的特色旅游文化。从而培育出文化产业与旅游产业相结合的新经济增长点，培养出一批能与国外旅游巨头竞争的国内旅游品牌，这种巨大的无形资产会为当地的经济带来长时期的推动效应。

四、选择适当的旅游资源国际合作开发模式

从国际投资角度看，旅游资源开发是指广义上的旅游资源开发，它不局限于特定旅游资源本身的开发，还包括在特定资源的基础上，为利用这些资源而对有关的接待条件等进行的投资建设，以使旅游资源所在

地成为一个有吸引力的旅游环境和接待空间。旅游资源国际开发是旅游业全面参与国际竞争和提升旅游产业国际竞争力的重要举措。

影响旅游资源国际合作开发模式选择的主要因素包括外部环境因素、任务环境因素和旅游资源因素。外部环境因素主要有政治、经济、社会、文化、技术和生态环境等方面，任务环境因素主要有竞争者、顾客、区位、自身优势、合作伙伴选择和人为因素等方面，旅游资源因素主要有旅游对象资源（人文资源、自然资源、社会资源、产业资源）和旅游设施（包括旅游对象设施，如观光设施、娱乐设施、物品销售设施；旅游利用设施，如住宿设施、餐饮设施、指南设施、交通设施、公共服务设施）。对旅游资源国际合作开发进入模式的选择是这三种因素共同作用的结果。当前国际上主要的进入模式有：直接投资模式，具体有独资经营、合资经营、新建企业、并购企业模式；战略联盟模式，具体有旅游市场联盟、旅游技术联盟模式；非股权参与模式，具体有特许经营、授权经营、管理服务合同、技术服务协议模式。

旅游资源的国际合作开发是我国旅游业实现内向型国际化经营向外向型国际化经营发展的重要步骤，是我国旅游业全面参与国际竞争和提升旅游产业国际竞争力的重要途径。现阶段我国旅游资源国际合作开发应以世界级和国家级旅游基地建设为重点，根据旅游资源的类型、受保护等级、市场准入程度、开发的可行性的不同来确定合作目标，并在评价各种影响因素的基础上，根据具体项目的不同来选择合适的合作模式。

五、对旅游业的实体投资模式的新选择

对旅游业的实体投资模式除传统的直接投资外，有以下新选择：

（一）并购

并购是实现旅游企业扩张最简单的方式。通过并购已经存在的竞争者，旅游企业可以省去在新业务领域重新构建自己势力所需的时间和精力，节约企业开发新业务资源所需要的时间。尤其是当这些关键性资源很难被模仿或积累时。此外，并购还可以获得市场协同效

应、管理协同效应和财务协同效应等。但同时,并购也是一种相当昂贵的市场进入方式,收购方通常需支付高于目标公司目前股票市值30%的费用甚至更高。此外,还存在着并购后整合失败的问题。因此,选择并购方式投资,一是应进行行业战略形势分析、竞争战略形势分析和企业自我分析。二是应预测和控制并购过程中定价、融资和支付方面的风险。三是对并购后的人事整合、文化整合、管理模式整合以及经营整合等问题有充分的认识和估计。

(二)合营

合营的最大优点是可以降低成本,迅速获得本企业所需要的互补资源。但合营企业存在一系列问题,如可能援助了潜在的竞争对手、企业整合难度较大、长期有效性存在问题,尤其是如何界定合营各方为企业所做的贡献、公司的战略应由谁来负责制定等,这些问题常常纠缠合作双方而使合营的最初设想与计划的功效大打折扣。因此,选择合营方式投资时:一是应合理选择合作层次与合作深度。在合营前,应对其在技术、资金、研发制造能力、文化、经营管理理念等方面的状况进行调查并客观评估。二是正确选择出资方式。合营各方应对合作伙伴的优势(包括硬优势和软优势)进行评估,以决定合营各方合作空间的大小。硬优势一般指企业的经济实力、品牌、固定资产、生产能力、领先技术等,软优势一般指配套的市场营销能力、优秀的管理程序和模式等。三是应建立与合营他方良好的磋商谈判和利益协调机制,避免在合营企业生产经营、投资决策等方面与合营他方的分歧和冲突扩大。

(三)联营

联营的最主要优势体现在融资和分散风险方面,但联营各方在经营观点和经营策略等方面会存在差异,可能导致意见分歧大、管理层次多、利害关系复杂、各成员间缺乏信任、影响沟通和管理效率等。因此,通过联营方式投资应注意:

1. 根据宏观经济发展状况和本企业战略发展的规模,研究联营投资的方向、范围、时机等,以保证预期收益。

2.正确评估联营企业各方投入资产的价值，确保联营的质量与合作的水准。

3.派出代表参加被投资企业的股东大会、董事会，充分利用参与决策权，也可以向被投资企业派出管理人员负责一些财务和经营活动，从而达到施加重大影响的目的。

4.加强对联营企业的财务监管，审议被投资企业重大的筹资、投资和利润分配方案。分析利润时，应充分考虑联营企业未来发展，确定留分比例。

六、中小旅游企业发展空间分析

中小旅游企业投资空间的选择在相当程度上决定了其投资的效益，关注中小企业投资空间，对于更好地引导投资，促进经济持续发展，具有重要意义。从我国的宏观经济形势和有关部门的研究结果来看，现阶段适合我国中小企业的旅游投资空间有以下几种：

(一)传统旅游产业

传统旅游产业在中国仍将大有可为，我国经济起飞的时间还不很长，经济基础还很薄弱，许多产业刚刚发展，对于发达国家来说是“旧经济”的那些产业，对我国来说还大多是“新兴产业”。旅游客源地主要集中在城市，但随着农村经济的发展，农村旅游需求不断增长。传统旅游产业仍有较大的旅游需求，这应是中小企业的根据地，也是未来中小企业的主战场，随着国有经济在一般竞争领域进一步退出，中小企业在这些领域的比重进一步提高，中小企业将成为传统旅游产业的主力军。

(二)国有旅游经济退出领域

国有经济有进有退、有所为有所不为，是国有经济实施战略性调整和改组的重要原则，国有经济退出的是一般性的竞争行业，这些领域对大型跨国公司吸引力不大，国有经济退出这些领域就给中小企业投资带来了良机。

(三)市场空隙领域

“圆圈理论”把大企业占有的市场比作大圆圈，把中小企业占有的市场比作小圆圈，无数的大圆圈和小圆圈之间，仍有一部分尚未被占领的市场，这就是所谓的市场空隙。这种市场空隙领域市场规模较小，对大企业来说生产价值不大，因此大企业不会进入。市场空隙领域隐性很强。这些圆圈之间的空隙领域，是中小企业不可多得的商机良机。

(四)农业产业投资空间

观光农业，以发展绿色农业为起点，以生产新、奇、特、优农产品为特色，依托高新科技开发建设现代农业观赏园区，是农业产业化的一种新选择。现代农业已不再仅仅是为人们提供衣食基本物质产品的生产部门(第一、二产业)，而是日益与环境、休闲、教育、文化等精神生活相连(第三产业)，1＋2＋3＝6 或 1×2×3＝6，形成“第六产业”，产生资源叠加效应，协助农业转型，增强农业产业活力，促进农业经济的发展，促进旅游业的发展，促进农村可持续发展，并缓解农业对环境的污染。

第五章 旅游投融资决策分析

第一节 旅游投资决策分析

一、旅游投资决策分类

决策是指人们为实现预期目标，采取一定的科学理论、方法和手段，对若干可行性的行动方案进行研究论证，从中选出最优方案的过程。决策贯穿于人类社会经济活动的各个方面，大至国家大政方针的决策，小至个人生活、工作的决策，尤其是经济部门和企业，在经济活动中更是面临大量的决策问题。

旅游业是一个经济文化产业，没有旅游投资和科学决策，就没有旅游项目的建设和旅游业的可持续发展。因此，旅游投资决策是为达到一定旅游投资目标，而对有关旅游投资项目在资金投入上的多个方案比较中，选择和确定一个最优方案的过程。现代旅游投资决策有各种各样的类型，通常可按投资目的和决策条件进行分类。

（一）按旅游投资目的分类

按旅游投资主体和目的分类，一般可把旅游投资决策分为政府性投资决策和企业性投资决策两种类型。

1. 政府性投资决策

政府对旅游业的投资，主要是改善旅游环境，为旅游业发展创造良好的条件。因此，政府性投资决策是紧紧围绕发展当地名牌旅游产品，促进旅游业发展，并使当地经济效益、社会效益、生态环境效益都得到综合性改善和提高而进行的。如改善和提高交通运输设施，为旅游者进入创造便捷的通达条件;开设免税商场和旅游购物中心,方便旅游者购物,同时增加旅游目的地的外汇收入;建设旅游院校或培训设施,以培养和训练旅游业发展所需要的各类人才等。

2.企业性投资决策

旅游企业是旅游经济的基本单位,其投资的主要目的是为了获取超过投资成本的利润,并努力使利润最大化。因此,旅游企业的投资决策大多数是为获取经济和财务收益的决策,如对旅游饭店、旅游餐馆、旅游购物店的投资建设等。由于企业性投资决策比较注重经济效益,因而在评价企业性投资决策方案时,要重视对其社会效益和生态环境效益进行评价。

(二)按旅游决策条件分类

按旅游决策条件分类,一般可将旅游投资决策分为三种类型,即确定型决策、风险型决策和非确定型决策。

1.确定型决策

确定型决策,是指旅游投资决策的条件和影响因素均处于确定情况下的决策。例如,某旅游企业有一笔资金,可以用来购买利率为9%的五年期的国库券,也可以用来购买某公司利率为12%的三年期的企业债券。这两种投资的预期收益都是确定的,而且不存在多少风险,但是二者利率不同,还本付息期也不一样。因而旅游企业可根据自己的经营战略和目标,从中进行比较选择最优的方案,这就是旅游投资的确定型决策。

2.非确定型决策

非确定型决策,是指旅游投资决策的条件和影响因素处于完全不确定情况下的决策。由于决策条件和因素既不确定,也不能估计,所以只能在投资决策时先做出各种可行方案,然后对各种方案按照一定的原则进行比较,从中选择最优方案。非确定型决策的原则很多,一般有乐观决策原则、悲观决策原则、折中决策原则等。在旅游投资决策中,可根据投资目的和决策条件进行合理的选择。

3.风险型决策

风险型决策，是指旅游投资决策的条件和影响因素不仅不确定，而且决策失误会给企业和投资者带来风险和损失的决策，亦称统计型决策或随机型决策。但是，决策人员可以对不同方案在不同条件及影响因素作用下的损益值进行计算，并对各种条件及影响因素作用的概率进行估计，从而为旅游投资决策提供比较和决策的依据。因此，风险型决策的关键是计算损益值和估计影响因素作用的概率。

二、旅游投资决策中的相关概念

投资决策对旅游部门和企业来说是十分重要的，因为它关系到旅游开发建设和未来发展方向、发展速度和获利的可能性。为了保证投资决策的正确性，必须对有关投资决策的数据进行收集，为投资方案的比较和选择提供定量的依据。通常涉及旅游投资决策数据的一些基本概念及其计算方法主要有以下几种。

（一）资金时间价值

资金时间价值，是指在不考虑通货膨胀因素的情况下，资金所有者放弃现在使用资金的机会，而把资金存入银行，并按存入资金时间的长短而获得的利息报酬。由于资金具有时间价值，因此在进行旅游投资决策时，必须充分考虑到资金时间价值才能作出正确的投资决策。通常，对资金时间价值计算的方法，主要有以下几种。

1. 单利计算法

单利计算法，是指只按本金计算利息的方法，即每期利息在下一期中不加入本金中增算利息，其计算公式如下。

设：Sn——终值，即本利和

Pv——现值，即本金

I——利息

i——利率

n——计息期数

则有单利终值计算公式：

$$Sn=Pv+I=Pv(1+in)$$

其中：$I=inPv$

2. 复利计算法

复利计算法，是将每期利息并入下期本金中增算利息，逐期滚算、利上加利的计算方法。按复利计算法可以分为复利终值的计算和复利现值的计算。复利终值的计算，是本金以每年一定的利率来计算若干年后的本利和；复利现值的计算，与复利终值的计算正好相反，它是把若干年后预期的终值，按每年一定利率而折算成现在的本金应是多少。

复利终值计算公式：

$$Sn=Pv\times(1+i)n$$

复利现值计算公式：

$$Pv=Sn\times 1(1+i)n$$

3. 年金计算法

年金，是指在一个特定的时期内，每隔一段相同的时间收入或支出相等金额的款项。年金按收支的时间不同可分为普通年金、预付年金、递延年金、永续年金等。普通年金终值，是一定时期内每期期末收付款项的复利终值之和，恰似零存整取的本利和；而普通年金现值与年金终值的计算正相反，它是每期等额款项收付的复利现值之和。

设：Sa——年金终值

Pva——年金现值

R——每期的年金

i——利率

n——年金的计息期数

则有普通年金终值的计算公式：

$$Sa=R\times(1+i)n-1i$$

普通年金现值的计算公式：

$$Pva=R\times 1-(1+i)-ni$$

(二)机会成本

机会成本又称为择一成本，它是指对一项旅游投资项目若同时具有多个投资方案时，将资金投入到其中一个方案而放弃其他方案可能丧失的收益。例如，某旅游企业有一笔资金，它既可投资于餐厅的扩建，也可投入商场的扩建。如果不去投资商场的扩建而用于投资餐厅的扩建，那么投资于餐厅扩建的机会成本就是指放弃投资于商场扩建可能获得的收益。由于机会成本可以对不同方案进行比较，因此机会成本就为旅游投资决策提供了方案优选的重要依据。

（三）现金流量

现金流量，是指任何一项旅游投资项目在未来一定时期内的现金流出和现金流入的数量。为了正确评价各个旅游投资项目的经济效益大小，必须对旅游投资项目的现金流量进行科学的分析和预测，并计算出净现金流量，作为旅游投资项目评价的依据。

为了评估旅游投资项目，首先要估计旅游投资费用大小，即计算现金流出量。所谓现金流出量，是指确定一项旅游投资项目所发生的投资数量，其包括建筑物和附属设施费用、家具和设备费用、经营设备费用、技术服务费用、开业前费用、流动资金等。

任何一项旅游投资项目，都有可能在未来若干年内每年获得一定的收益。因此，现金流入量是指在旅游投资决策中通过旅游投资所带来的收益。其包括旅游投资项目完成后所带来的营业收入、每年的固定资产折旧等。

净现金流量，就是旅游投资项目完成投产后，每年现金流入量超过现金流出量的净值。用净现金流量来评价和衡量旅游投资项目，可通过运用净现值法、内含报酬率法、回收期法等对旅游投资决策方案进行比较而确定最佳方案。

（四）投资风险

投资风险，是指一项旅游投资所取得的实际收益和与预期收益之间的差异。对大多数投资活动来说，都存在一个风险问题，只是风险程度不同而已。如果一个投资方案只有一个确定的结果，就称这种投资为确定性投资。例如，某旅游企业投资购买政府国库券 100 万元，年利 10%，每年可得利息收入 10 万元，这种比较可靠的投资就属于确定性投资，确定性投资一般没有什么风险。

但是，旅游投资决策所涉及的问题都具有长期性和变动性，这些关系到未来旅游产品的需求、价格和成本等因素都具有不确定性，某些因素的变化往往会直接引起投资效果的变化，甚至某些在投资决策时认为可行的方案，投入实施以后也会由于某些因素的变化而变成不可行。由于投资风险一般是难以避免的，因而在旅游投资决策中，就需要对投资风险做出正确的评判，并力求使这种风险减小到最低程度。

第二节　旅游融资决策分析

旅游融资决策就是旅游融资主体在明确资本使用目的的基础上，确定旅游融资规模、融资期限以及资金来源的构成和比例的过程。旅游融资决策中首先考虑的因素是旅游融资成本，即使用这些资金要付出多少成本。根据经济学理论，旅游融资主体总是以可能达到的最低融资成本获取资金，因此就必须分析资本构成、边际成本以及与旅游融资的关系。

一、旅游投资项目各种主要的资本成本

资本成本是财务管理中一个十分重要的概念，旅游融资主体在融资、投资、盈余分配时都必须考虑资本成本，即使用资本要考虑所付出的代价，要向股东、债权人支付股利、利息等作为报酬，还要支付发行股票、债券以及向银行借款的相关费用，这些报酬和费用的总和就构成了资本成本。在财务管理中常把资本成本表示成相对数，即支付的使用成本总额与提供的资本总额之间的比率。

(一)债券成本

发行长期债券融资所支付的利息，通常在税前支付，这样就可少缴一部分所得税。因此，长期债券的实际成本为：

$$C_b=K(1-T)$$

式中：C_b 表示债券成本，K 表示债券的实际利率，T 表示所得税税率。

例如，假设某旅游公司发行期限为25年、债券票面利息为12%的债券1 000万元，发行费用为3%，所得税税率为40%，该种债券的实际利率 X 的计算方法如下：

第一步，实际利息率为12%时，现值为：

$$PV_0 = 120 \times PVIFA12\%,25 + 1000 \times PVIFA12\%,25$$
$$= 120 \times 7.843 + 1000 \times 0.059$$
$$= 1000 \text{万元}$$

式中：PV_0 表示现值，$PVIFA$ 表示年金终值系数。

当实际利息率为13%时，现值为：

$$PV_0 = 130 \times PVIFA13\%,25 + 1000 \times PVIFA13\%,25$$
$$= 130 \times 7.330 + 1000 \times 0.04$$
$$= 992.9 \text{万元}$$

扣除筹资费用以后的现值为：

$$PV_0 = 1000 \times (1 - 3\%) = 970 \text{万元}$$

第二步，根据以上三个数据，利用插值法可计算出债券的实际利息率为：

$$K = 12\% + (1000 - 970) \div (1000 - 992.9) \div 100 = 16.23\%$$

第三步，如果债券期限较长，且每年利息率相等，可把债券看做是永续年金，则可利用如下公式计算债券的实际利息率：

$$K = I / B_0 (1 - f)$$

式中：I 表示每年支付的利息，B_0 表示债券发行总额，f 表示债券发行费率。把前面举例的数据代人公式得：

$$K = 120/1000 \times (1 - 3\%) = 12.37\%$$

把上面两个公式合并得：

$$K_b = K(1 - T) = L(1 - T) / B_0 (1 - f)$$

式中：K_b 为债券税后实际利息率。

代入已算出的相关数据可得：

$$K_b = 120 \times (1-40\%) / 1000 \times (1-3\%) = 7.42\%$$

由于债券利息可以在税前扣除，而且债券发行费用相对股票等融资方式的手续费用较低，因此，债券成本一般较低，计算负债税后成本是假设公司有利润，如果公司没有利润，则不能享受利息支付带来的抵税效应，就一个没利润的公司而言，其负债的实际成本将为其税前成本。

（二）优先股成本

企业发行优先股，要支付发行费用，定期支付股利。但它与债券不同，股利在税后支付，且没有固定的到期日，优先股成本的计算公式为：

$$C_p = D / P_0(1-f)$$

式中：C_p 表示优先股成本，D 表示优先股每年的股利，P_0 表示发行优先股总额，f 表示发行费率。

例如，某企业发行 1 000 万元优先股，发行费率为 4%，每年支付 12% 的股利，则发行优先股的成本为：

$$C_p = 1000 \times 12\% / 1000 \times (1-4\%) = 12.5\%$$

企业破产时，优先股的求偿权位于债券持有人之后，优先股股东的风险大于债券持有人的风险，这就使得优先股的股利率一般要大于债券的利息率。另外，优先股股利要从税后盈余中支付，不减少公司的所得税，所以优先股的成本明显高于债券成本。

（三）普通股成本

普通股的成本计算主要有评价法和资本资产定价模型法两种。

1. 评价法。其基本原理是用普通股现值的公式来计算普通股成本的一种方法，普通股现值的计算公式为：

$$V_0 = \sum_{t=1}^{n} \frac{D_i}{(1+K_s)} + \frac{V_n}{(1+K_s)^n}$$

由于股票没有固定到期日，那么当 n 趋于无穷大时，式中最后一项等于 0，所以股票的现值为：

$$V_0=\sum_{t=1}^{n}\frac{D_i}{(1+K_s)^n}$$

V_0 表示普通股现值，D_i 表示第 i 期支付的股利，V_n 表示普通股终值，K_s 表示普通股股本。

这样，利用上述两式计算都比较复杂，如果每年股利固定不变，则视为永续年金，计算公式为：

$$K_s=D/V_0$$

把发行费用考虑进去，则：

$$K_s=D/V_0(1-f)$$

式中：K_s 表示普通股成本，D 表示每年股利，V_0 表示普通股发行金额，f 表示发行费率。

许多公司的股利都是不断增加的，假设年增长率为 g，则普通股成本的计算公式为：

$$K_s=D/V_0(1-f)+g$$

例如，假设某公司普通股股份为 100 元，发行费率为 5%，第一年发放股利为 12 元，以后每年增长 3%，则普通股融资成本为：

$$K_s=12/100\times(1-5\%)+3\%=15.63\%$$

2. 资本资产定价模型法。这是利用资本资产定价模型来计算普通股成本的，其计算公式为：

$$K_s=R_F+\beta(K_m-R_F)$$

例如，假设无风险报酬率为 10%，市场证券组合的报酬率为 16%，公司股票的 β 系数为 1.1，则：

$$K_s=10\%+1.1\times(16\%-10\%)=16.60\%$$

（四）未分配利润

一般企业都不会把利润以股利的形式分给股东，未分配利润是企业资本的重要来源。企业未分配利润等于股东追加的投资，股东对这部分投资与以前缴给企业的股本一样，也要求有一定的报酬，所以未分配利润也要计算成本，这部分成本的计算与普通股基本相同，但不用计算发行费用。

（五）加权平均的资本成本

上面讨论了四种资本成本的计算问题，那么它们的加权的资本成本的计算则为：

$$K_w = \sum W_b K_b + W_p K_p + W_s K_s + W_e K_e$$

式中：K_w 表示加权平均的资本成本，K_b 表示债券成本，K_p 表示优先股成本，W_b 表示债券在资本总额中所占的比重，W_p 表示优先股在资本总额中所占的比重，K_s 表示普通股成本，W_s 表示普通股在资本总额中所占的比重，K_e 表示未分配利润保留成本，W_e 表示未分配利润在资本总额中所占的比重。

如果融资主体有更多的融资方式，则融资成本计算方式如下：

$$K_w = \sum W_j K_j$$

式中：K_w 表示加权平均的资本成本，W_j 表示第 j 种资本在资本总额中所占的比重，K_j 表示第 j 种资本的成本。

二、旅游投资项目资本的边际成本

资本的边际成本是指资本每增加一个单位而增加的成本，这是财务管理的一个重要概念，也是旅游投融资必须加以考虑的问题。加权平均的资本成本是过去筹资或目前使用过的资本的成本。但各种资本成本随时间的推移或筹资条件的变化而不断变化，加权平均资本成本也随之变化。这样，仅仅考虑已有的资本成本是不够的，还要考虑为投资所新筹集的资本成本，这就需要计算资本的边际成本。

现举例说明资本的边际成本的计算。某公司目前总资本为 100 万元，其中长期债务 20 万元，优先股 5 万元，普通股 75 万元，现在公司为满足投资要求，准备筹集更多的资金，试计算资本的边际成本。

这一计算的过程如下：

第一步，确定公司最优的资本结构。该公司财务人员经过认真分析，认为目前的资本结构即为最优的资本结构，因此，在今后筹资时继续保持原有的资本结构不变。

第二步，确定各种旅游融资方式的资本成本。公司财务人员认真分析了目前金融市场的状况和企业融资能力，认为随着公司融资规模的增加，各种融资成本也会增加。见表 5-1：

表 5-1 某公司融资资料

融资方式	目标资本结构	新融资的数量范围(元)	资本成本(%)
长期债务	20%	0—10 000	6
		10 000—40 000	7
		大于 40 000	8
优先股	5%	0—2 500	10
		大于 2 500	12
普通股	75%	0—22 500	14
		22 500—75 000	15
		大于 75 000	16

第三步，计算融资总额的分界点。

$$BP_i = TF_i / W_i$$

式中：BP_i 表示融资总额分界点，TF_i 表示第 i 种融资方式的成本分界点，W_i 表示目标资本结构中第 i 种融资方式所占的比例。

则该公司融资总额分界点如表 5-2 所示。该表中，分界点是指特定融资方式成本变化的分界点。例如，对长期债务而言，在 10 000 元以内，其成本为 6%，而在目标资本结构中，债务的比重为 20%，这表明在债务成本由 6%上升到 7%之前，可融得 5 万元资金，当融资总额多于 5 万元时，债务成本就要上升到 7%。

表 5-2 融资分界点计算表

融资方式	资本成本(%)	特定融资方式的融资范围(元)	融资总额分界点(万元)	融资总额范围(万元)
长期债务	6	0—10 000	10 000/0.2=5	0—5
	7	10 000—40 000	40 000/0.2=20	5—20
	8	大于 40 000	—	大于 20

续表

融资方式	资本成本(%)	特定融资方式的融资范围(元)	融资总额分界点(万元)	融资总额范围(万元)
优先股	10	0—2 500	2 500/0.05=5	0—5
	12	大于 2 500	—	大于 5
普通股	14	0—22 500	22 500/0.75=3	0—3
	15	22 500—75 000	75 000/0.75=10	3—10
	16	大于 75 000	—	大于 10

第四步,计算资本的边际成本。根据第二步计算的分界点,可得出如下五组新的融资范围:A 组(0—30 000),B 组(30 000—50 000),C 组(50 000—100 000),D 组(100 000—200 000),E 组(200 000 以上)。对以上五个融资范围计算加权平均的资本成本,便可得到各种融资范围的资本边际成本。

三、旅游投资项目资本成本与旅游融资决策的关系

资本成本是选择资金来源、拟订融资方案的依据,资本成本对旅游融资决策的影响主要有以下四个方面。

第一,资本成本是影响旅游融资总额的一个重要因素。随着旅游融资额的增加,资本成本不断变化,当旅游融资数量很大,资本的边际成本超过旅游融资主体的承受能力时,便不能再增加融资数量。因此,资本成本是限制旅游融资数量的一个重要因素。

第二,资本成本是选择资金来源的重要依据。资金可以从很多渠道筹集,就长期贷款来说,可以向商业银行贷款,也可以向其他金融机构贷款,还可向政府申请贷款。究竟选择哪种来源,首先要考虑的因素就是资本成本的高低。

第三,资本成本是选用旅游融资方式的标准。旅游融资方式是多种多样的,在选用融资方式时要考虑的因素很多,但也必须考虑资本成本这一经济标准。

第四,资本成本是确定最优资本结构所必须考虑的因素。不同的

资本结构会带来不同的风险和成本，从而引起股票价格的变动。在确定最优资本结构时，考虑的因素主要是资本成本和财务风险。资本成本不是旅游融资决策所要考虑的唯一因素，旅游融资还要考虑财务风险、资本期限、偿还方式、限制条件等，但资本成本是一个重要的经济因素，直接关系着旅游融资的经济效益。

四、旅游投资项目融资决策的定量分析

（一）息税前盈余—每股盈余分析法

负债的偿还能力是建立在未来收益能力的基础之上的，研究资本结构不能脱离融资主体的赢利能力，而赢利能力一般用息税前盈余(EBIT)表示。负债融资是通过它的杠杆作用来增加股东财富的。确定资本结构不能不考虑它对股东财富的影响，股东财富用每股盈余(EPS)表示。将两个方面结合起来，分析资本结构和每股盈余之间的关系，进而来确定合理的资本结构的方法，就叫息税前盈余—每股盈余分析法，简写为EBIT—EPS分析法。

（二）方案对比优选法

在作出融资决策之前，先拟订若干备选方案，分别计算各方案的加权平均成本，然后确定融资方案和资本结构的方法叫方案对比优选法。

第三节 旅游投资控制体系

控制是管理的一项基本职能，其基本含义是：组织在动态环境中为保证既定目标和任务而采取的检查和调整活动或过程。从企业管理活动的整体来看，控制和管理的其他职能如计划、组织与决策是不可分割的。控制根据对未来影响时间长短及目标不同可分为战略控制和业务控制。战略控制通常根据战略计划保证企业未来5—10年的发展方向，也就是要确保企业未来5—10年内“做正确的事”，其最终目标可以简单定义为保证企业的长期生存。业务控制是根据经营计划，保证有效率地做好计划做的事，也就是确保“把事做正确”，其最终目标可以简单定义为保证企业有效率地经营。

旅游投资控制，从狭义的角度来看，是指比较旅游投资计划与实际实施状况，并对出现的偏差分析原因，提出修正措施。目前国内多数文章讨论的投资控制，如工程成本控制、工程施工控制、招投标控制都是狭义上的投资控制。而国外的文章，多数是把投资控制作为管理的一项职能，从广义上定义为企业对项目由项目建议提出到项目评议、投资决策、具体实施，直到项目完工后的财务处理的整个过程的参与与控制。

旅游投资控制的职能主要体现在以下三个阶段：旅游投资规划与协调、旅游投资执行和旅游投资控制。在每个阶段内都有具体的不同任务。需要特别指出的是，投资控制部门是典型的参谋型部门，只提供建议而不参与实际执行，实际执行与决策由直接管理者负责。因此在旅游投资项目执行阶段投资控制部门的职能仅仅体现为狭义的控制职能，也就是比较投资计划与实际执行状况，分析出现的偏差并提出建议。

旅游投资规划阶段的具体任务包括：项目建议、信息搜集、协调投资预算和计算项目经济指标等。投资控制阶段的主要任务包括：现有项目的复核特别是经济指标的复核、预算控制等。

旅游投资控制的关键目标之一是选出最优的项目和项目的最优执行方案，也就是旅游投资项目评价。旅游投资项目评价的方法为众多学者的研究重点，到目前已提出不计其数的评价方法。评价的主要指标包括营利性指标、流动性指标和风险性指标。但不同的投资项目有不同特点，评价方法宜灵活选择，并无定式。

建立有效的旅游投资控制体系是实施投资控制的基础。现结合某公司现行投资控制的程序框架，从旅游投资控制的组织和程序两个角度讨论该公司的投资控制是如何进行的。

（一）旅游投资控制的组织结构

下面为某公司现行投资控制的程序框架（注：R＝responsibility，

负责;S=support,支持协助)。如图 5-1 所示,旅游投资决策与控制的参与者有董事会、投资控制部、工程技术人员和基层各部门。通常情况下,具体的基层各个部门是旅游项目建议的提出者、旅游项目实施方案的设计者与实施的具体承担者;工程技术人员通常为其他参与者提供技术支持与咨询;投资控制部门负责旅游投资项目建议的审核,对旅游项目实施方案择优,决议草案准备及实施进程控制,成本管理与控制;董事会只在几个关键环节起决策者的作用。各参与者在决策程序的不同阶段相互分工合作,从不同的层面上推动和控制旅游投资项目的发展,发挥不同的作用。

基本流程	董事会	投资控制部	技术人员	部门
项目建议		S	S	R
项目建议评价		R	S	S
投资联席会议				
项目建议决议	R			
初步项目设计			R	R
项目设计评议		R	S	S
投资联席会议				
项目建议决议	R			
项目实施方案			S	R
实施方案精算		S	S	R
项目建议决议				R
项目实施		S	S	R
项目控制		R	S	S

图 5-1　投资控制程序图

(二)旅游投资控制的程序

根据所投资旅游项目的决策与实施进展程度,可以将旅游投资决策的程序划分为四个阶段:提出项目建议,项目建议评议,项目规划与评议,项目实施与控制。

（三）旅游投资项目建议与评议

原则上任何人都有权利也有义务针对公司经营中的问题提出项目建议，但是至少在该旅游投资项目被纳入规划之前必须由相应成本中心负责人接手，以便解决项目准备的成本问题。项目建议者必须以项目建议书的形式提出项目应达到的定量指标，作为项目的实现目标。

旅游投资项目建议书由技术人员检验其技术可行性，并初步估计成本金额。为提高项目的处理效率，可根据项目成本金额划分处理权限，比如单项金额2 000元以下各成本中心自主决策，但记入该成本中心全年累计额，其全年累计额不得超过5万元；2 000元以上1万元以下需经投资控制部审批，同样计入全年累计额；1万元以上需经董事会批准。如此划分权限可大大减少工作量，提高效率，审批权限的设置可根据公司具体情况灵活应用。

旅游投资项目的成本额达到一定限度，比如1万元，该项目的项目建议书应交由投资控制部处理。投资控制部对项目的必要性和可行性进行检验，并出示相应意见，在投资联席会议上讨论，由董事会作出决策，是否接受并列入投资计划。

（四）旅游投资项目规划与审议

当旅游投资项目建议在投资联席会议上被接纳并列入投资计划后，随即发放经费，进行旅游项目规划。通常由该项目的具体负责部门进行方案初步设计，列出所有可能方案，再由投资控制部门对各方案进行审查，调整筛选，确定可选方案，然后对可选方案进行定量评估，并以旅游投资项目规划草案的形式出具书面意见，陈述理由。该草案应包括以下内容：陈述现有问题，描述投资所要达到的目标，阐述决策的前提条件，准确估计各方案成本，选出技术上可行而且能够满足最低需求的方案并将其他方案与之对比，计算各方案经济指标，进行风险分析。

旅游企业经营活动中的投资行为大多为传统的资本投资，对于这类投资可运用净现值法进行评估，即预计乐观与悲观情况下的现金流量，折现计算净现值，同时计算边际收益，静态/动态收益率，静态/动态回收期等重要经济指标，并进行盈亏平衡分析、敏感性分析和投资风险分析，根据以上的分析结果选出最优方案。另外还有相当多的投资行为属于成本型项目投资，这类投资不会产生效益，因此无法通过净现值来评价优劣，但它对于公司的经营活动又是必需的，比如购买计算机办公系统，此时可采用优缺点对比分析法、效用值法来评价。有时会遇到有选择权的投资行为，比如技术开发与研究等，可采用实物期权法评价。项目投资方案的评价是投资控制最重要的内容之一，由于当前有许多文章对评价方法进行了讨论，本节将不再赘述，而重点介绍投资控制的体系。

投资控制部根据以上分析筛选出最优方案后，书面陈述评价结果和评价根据，提交董事会，并在投资联席会议上讨论。

（五）旅游投资项目实施方案设计、施工与控制

旅游投资项目规划报告在投资联席会议上讨论通过后，进入工程实施阶段。在投资控制部协助下，项目负责人具体设计详细施工方案。该方案以旅游投资项目建议书和项目规划报告为基础，体现实现目标的具体措施并精确核算成本。

重大项目由投资控制部进行跟踪控制，比如核查通过该项目决策的前提条件是否发生重大变化，该项目实施的环境是否发生重大变化，该项目的经济性指标是否发生重大变化，项目实际成本与预计的偏差及进展。若成本估算与最初估算出现重大偏差，比如超过20%，必须由投资控制部重新审查议定，交由投资联席会议讨论通过。

项目完工后，由投资控制部进行实际与计划偏差分析，通过分析发现项目投资处理过程的优点与不足，把每个项目的实施作为一次实践检验的机会，也把它作为一次总结提高的机会，逐步建立与本公司实际情况相符合的能够有效运作的投资评价体系。

（六）建立合理投资控制体系应注意的问题

我们试图通过建立合理的投资控制体系，保证旅游投资商及旅

游企业有效运用资金投资于最优项目，以实现企业的长期生存与发展。要建立符合企业具体状况的投资控制体系需要注意以下问题。

1.合理分权

公司的规模越大，合理分权的重要性越突出。在投资控制体系的几个重要参与者中，旅游投资项目相关部门和具体的负责人承担着项目发起、项目设计、项目实施的任务；投资控制部则从项目的必需性、外界环境、经济性、可行性等角度进行项目投资评价；董事会主要以投资联席会议的形式抓住项目建议、项目规划评价两个关键环节，也就是针对项目的必需性和经济性、可行性，作出项目投资的决策。特别应该注意，投资控制部的出现既分担了决策者过多的事务性工作，又在某种程度上实现了执行、评价、决策的权利分立，对于避免“一言堂”的决策方式，减少委托代理的问题有积极作用。

2.加强合作

不言而喻，作出一项好的投资决策需要多方合作。比如引进新技术改造旅游产品，既要有生产部门对生产能力提供的信息，也要有市场销售部门对产品销售状况提供的信息，还要有科研部门提供的信息和技术人员提供的有关技术本身的信息。投资控制部作为联系决策层与基层的桥梁，必须协调好各方的合作，共同完成项目的评价与实施。

3.动态发展

作为制度的本身，投资控制体系可以随公司的发展而趋向稳定、完善，而公司也可设计出一套和本公司实际情况相吻合的程序，内容则必须随公司经营环境的变化而不断调整，比如投资评价运用的标准就不可能是一成不变的，必须考虑到利率水平和通货膨胀率。

4.由程序导向向价值导向发展

对于新兴旅游企业，投资控制体系通常是以程序导向为主，通过建立完善的旅游项目投资控制体系，保证投资活动的正常进行；而对于已经有良好基础的企业，投资控制就必须以价值为导向，实现价值增值。

5.体系—方法—实施的关系

合理的投资控制体系为旅游项目的投资决策提供了一个良好的组织基础，使投资决策更有效地运作；投资评价的方法和标准是揭示项目本质的关键；实实在在的执行是最终的落脚点，没有实实在在的执行，一切都将流于空谈。

有的放矢地花好股东的每一分钱是追求股东价值最大化的一项重要保证，是追求旅游企业长期持续发展值得尝试的途径。一个英明的旅游企业领导人可以充分挖掘现有资源的潜能，在特定时期内使旅游企业实现超常规发展，而一个顺利运转的投资控制体系则可以保证旅游企业有目的、有步骤地进行投资，使旅游企业实现持久稳定发展。对于那些众多寻求持久发展的国内旅游企业，特别是目前已实现阶段性快速发展而又居安思危的旅游企业，建立一套适合自身特点的投资控制体系不失为上策。

第六章 旅游投资机制分析

我国旅游业在改革开放后，获得了长足的发展，旅游投资也呈现出投资规模急剧增大、投资主体多元化的基本特征。在旅游投资快速发展的过程中，也出现了许多失误。伴随着我国宏观经济面临比以往任何时候都更为复杂艰巨的挑战和风险，比如资产泡沫膨胀，CPI、PPI明显上升，劳动力成本快速提高，流动性过剩，人民币升值，全球性的次债危机等；伴随着旅游投资产业链的延伸和联动，比如近期云南省国资委与海南航空集团签订战略合作协议，准备利用航空业强大的资本和品牌实力，打造航空与旅游酒店、景点、地面运输"一条龙"的产业资本链联动互补模式。如何优化旅游投资环境，实现旅游产业与资本市场的有效结合，推动旅游业自身的资本运作和外部投入产出的良性循环，尤其是建立健全旅游投资的进入机制、退出机制、风险机制、盈利机制、预算机制、资本控制机制和投资机制等，有效防范和控制旅游投资风险，实现旅游投资战略、投资模式与投资机制合理匹配，提高旅游投资回报，对于实现旅游产业的可持续、健康良性发展有着重要的现实意义。

第一节 旅游投资机制的现状分析

旅游投资机制主要有三种：第一种是政府主导型机制。这种机制的特点是社会各方面参与程度低，缺乏利益制约和社会经济专业分工合作的机制，造成效率低下和市场机制、法律环境建设的滞后。第二种是市场主导型机制。其主要特点是根据市场需求，投资向重点的旅游区域集中。但由于是自发性的投资活动，极易由于信息的不完整、不充分而导致投资活动的无序和非理性。第三种是地方政府采取灵活的政策招商引资，企业作为市场主体积极参与的混合性机制。其特点是由政府牵头，社会各方参与，以市场机制运作，共同形成一个分工合作的体系，这种机制在地方利益和市场需求的双重拉动下，使得社会对旅游业的投资始终保持较高的热情。目前，这三种机制在我国不同地区的旅游投资中不同程度地存在。从深层次分析，我国现行的旅游投资机制还存在着一些问题，主要表现在：现行旅游投资机制难以解决旅游开发中的资金不足的问题，缺乏专业的旅游投资、融资的服务中介机构；现行旅游投资机制导致旅游投资的地域结构和产品门类结构不平衡。旅游投资强度的不平衡是制约旅游业发展的根源，也是旅游业不发达的结果。

一、旅游宏观投资机制分析

我国旅游投资管理机制的初步构架是在入境旅游的需求诱导下促成的，并受政治大环境的影响，而迅速转变为纯粹的供给主导型模式。因此，尽管旅游投资机制在需求和供给力量的交织下不断变迁，但从总体来看，政府长期占据了第一行动集团的位置，旅游投资机制的市场化程度不足。政府的作用对旅游投资机制的构建起到正负两方面的作用。

1978 年至 1999 年，中央国家预算内旅游基本建设共安排了基建基金拨款 12.5 亿元，基建基金贷款 10 亿元。相对于全国旅游业投资的规模，中央国家预算内投资的份额在逐年减少。1999 年以来，随着中央明确定位旅游业为国民经济新的增长点，中央在 2000 年国债资金中安排了 13 亿元，2001 年安排国债 16.2 亿元，用于支持景观旅游区和少部分历史文化遗产景观旅游区的公共基础设施、旅游资源保护。2002 年，安排新增预算内专项资金 12 亿元用于支持旅游景区的基础设施建设。2002 年以后的三年内，安排国债投资 364 个旅游基础设施项目，建成旅游专用公路7 000公里，旅游步道2 500公里，以及一批供电供水设施、垃圾污水处理设施、安全保障设施和景区环境整治工程，改善了近200个旅游景区的社会发展状况。中央公共财政资金对于旅游业的投资，尽管所占比例较小，但发挥了改善景区环境，引导社会、地方、企业、居民投资，刺激旅游投资快速增长的机制作用。宏观层面的中央政府旅游投资今后将会逐渐退出竞争性和营利性领域，投资领域主要集中在旅游基础设施建设、生态环境建设和旅游公共服务设施。

旅游宏观投资机制的建立、健全与有效运行，应从以下几个方面考虑：

(一)加强现行的旅游宏观投资引导机制，实现旅游投资在地区间、部门间、项目间的平衡

我国东、中、西部地区经济发展总体不一，各地区旅游要素发展程度不同，旅游投资流向存在较大差异。据国家旅游局规划发展与财务司预测，“十一五”期间，东部地区旅游建设项目投资总额为7 142.64亿元，占全国总投资的40.05%；中部地区旅游建设项目投资总额为3 673.24亿元，占全国总投资的20.59%；西部地区旅游建设项目投资总额为5 946.2亿元，占全国总投资的33.34%；东北地区旅游建设项目投资总额为1 027.14亿元，仅占全国总投资的6.01%。在政府投入方面，东部地区达到994.73亿元，占政府投入的31.97%；中部地区达到762.54亿元，占政府投入的24.5%；西部地区达到1 191.04亿元，占政府投入的38.27%；东北地区达到163.09亿元，占政府投入的8%。从以上预测可以看出，“十一五”期间，西部旅游投资增长迅速，东部地区的旅游投资在全国总投资中的比例下降，由“十五”期间的46%下降为40%；中部和东北地区投资占全国总投资的比例维持不变。这与中央宏观层面深化改革、促进西部大开发，以旅游业投资带动西部地区摆脱贫困，实现共同富裕的和谐发展导向相吻合。

(二)建立宏观层面的旅游投资规划机制

中央宏观层面应制定统一的旅游投资机制，成立国家旅游项目资金库，确立优先发展的旅游项目，保证重点旅游项目的优先开发。

重点保证“三区”建设投资需要，即国家生态旅游区、国家旅游度假区和国家旅游扶贫试验区。

(三)健全宏观旅游投资服务机制

努力为有关各方提供旅游投融资方面的社会公共事务服务，包括举办、组织国际间的旅游投资研讨会、旅游投资交易会，协调和研究旅游投资服务政策。

(四)构建旅游投资信息平台

宏观层面要定期、规范地发布权威旅游投资信息、政策信息，使地方、部门和企业能够更为全面、系统地了解旅游投资信息，以提高旅游投资的合理性和针对性，帮助地方、部门和企业规避和降低旅游投资风险，有效地将资金市场供给和投资需求对接起来。

(五)健全旅游投资检查、评估和监控机制，实现依法治旅

随着我国经济体制加速市场化，旅游投资迫切需要宏观层面权威性、法律性、公正性的管理手段，以维护和保证市场秩序。依法治旅机制的运行，关键要制定一系列的旅游投资方面的法律、法规和各项规章制度，建立和制定旅游投资评价的标准等。

(六)健全旅游投资开发的环境评估和约束机制

对所有的旅游投资开发项目坚持“严格保护、统一管理、合理开发、永续利用”的原则，进行严格的评估、审批，科学地确定旅游景区的承载能力，控制游客超量涌入景区，确保旅游资源的可持续利用。

二、旅游中观投资机制分析

(一)旅游中观投资机制分析的视角，定位于地方政府和相关行业管理部门，以地方政府的分析为主

在旅游投资机制体系中，地方政府居于中枢位置，发挥着至关重要的作用。由于地区经济发展水平、区位差异、资源禀赋、经济发展目标、对旅游产业的重视程度等方面的差异，各地旅游投资流向和结构呈现出很大的差异，这种差异在“十一五”期间还有逐步加大的趋势：东部地区旅游基础设施投资为 986.27 亿元，占全国同类投资的

26.71%，中部地区为956.5亿元，占全国同类投资的25.91%，西部地区为1 438.11亿元，占38.95%；在饭店项目投资方面，东部地区为1 576.35亿元，占该项目总投资的46.22%，中部地区为759.01亿元，占总投资的22.25%，西部地区为928.86亿元，占总投资的27.23%；在旅游景区项目投资方面，东部地区为3 840.25亿元，占该项目总投资的47.98%，中部地区为1 375.29亿元，占17.18%，西部地区为2 317.44亿元，占28.95%。中西部地区旅游资源丰富，但基础设施仍不完善，以资源保护为前提、地域特色为重点的景区深度开发力度仍需进一步加大，这些将成为中西部地区"十一五"期间重点投资领域，东部沿海发达地区旅游投资流向更多地趋向于高档的休闲度假村、高星级饭店、特色综合型主题公园。

我国多数省份已将旅游业确定为本地区支柱产业、龙头产业和先导产业，反映出中观政府层面对旅游业的推动和支持，在旅游投资的规划、开发中，政府通常扮演着开拓者、规范者和协调者三种角色，在与宏观调控部门、相关行业管理部门以及旅游投资企业的博弈中，根据其价值取向，总会出现"超位"、"错位"和"缺位"，形成了复杂的旅游中观投资机制。

1.旅游投资管理多头，缺乏统一的规划

据统计，我国国内资金投资兴建的宾馆分属于350个行业部门和地方政府，即管理投资的有350个婆婆。在旅游基础设施投资中，由于项目多头审批，缺乏统一的规划，宏观失控，致使有的部门和单位盲目争投资、争项目，重复布局，超计划建设，导致旅游设施呈现地区性、结构性的比例失调。严重影响投资效益，还诱发一系列的短期行为，破坏了旅游景区的自然景观和人文景观。

我国目前的旅游管理体制是按行政系统和行政区划设置的，造成了条块分割，自成体系，切断了旅游经济的内在联系，阻碍了旅游业统一大市场的形成。旅游资源被分割成"部门所有"和"地区所有"，难以实现旅游六大要素的一体化经营。客源组织和分配由"条条"进行，而旅游接待工作又由"块块"完成，从而导致接待能力和客源失衡，这不仅影响了投资效益的发挥，还造成客源分配和利益分配上的矛盾。条块分割，还割裂了旅游投资与旅游资源的开发和保护的关系，造成旅游投资和利益分配上重旅游服务业，轻资源保护与开发。在许多地区形成"住高价宾馆，看廉价风景"的不合理的利益分配格局，挫伤了企业投资开发旅游景点的积极性。

以生态旅游为例，森林公园、自然保护区、风景名胜区分别属于林业局、环保局、建设委员会管理，区内的园林、风景、文物、宾馆、寺庙等分属于林业、文物、旅游、宗教等部门管理。此外，交通、税务、环保、公安、消防等部门都有权管理，但事实上又都未认真行使管理权。

2.地方引导性资金不足，资金到位率低

地方政府对旅游投资不足，难以举办一些拳头型的具有一定规模的较大旅游项目，制约了旅游业的迅速发展。对外商投资缺乏有效的引导，据沿海省市的调查，由于国家对中外合资企业的优惠政策，外商投资纷纷集中饭店业，致使外资在旅游业上的投资过分倾斜，影响了旅游六大要素的协调发展。

3.旅游投资观念落后于形势发展

据学者杨勇对中国省级旅游业竞争力分析(2007 年)发现，与多数研究结论不同，地方政府对地区间旅游业竞争力的影响并不显著。原因有两个方面：一方面，旅游业的总体地位不突出，旅游经济发展水平对旅游业地位在省级层面上有一定的分异性。尤其对于一些国民经济水平比较发达而且是我国重要工业基地的省份来说，旅游业的地位并不突出，有关省份将旅游业作为"支柱或先导产业"发展仅停留在表层概念上。地方政府重视引进外资、增加出口，而忽视了加大旅游投资，导致旅游业发展受限。另一方面，由于地区经济发展的不平衡，全国的经济重心总体向东部偏移，扩大了内地与沿海地区经济发展的差距，重构了全国的经济核心区与外围区，这在整体上不仅对旅游投资不利，而且削弱了西部地区省份的旅游业竞争力。有的地方领导认为旅游投资对 GDP 的贡献不大，花精力抓旅游投资体现的政绩不明显，使旅游资源得不到合理开发和利用，旅游业发展不快。

(二)旅游中观投资机制建立的对策

1.创新旅游投资观念

中观旅游层面应树立符合国家大政方针和时代特征的旅游投资观、旅游资源观、旅游产业观和旅游发展观，把观念创新付诸地方的旅游投资规划和具体的发展行动中，形成思路出规划、规划出项目、项目出投资、投资促建设、建设出效益、效益促发展、发展出思路的良性循环格局。

2.完善相关政策和法规，强化投资协调机制

地方政府应协调相关部门在旅游投资审批、税收、土地等相关方面制定优惠政策，制定鼓励旅游投资的产业政策；实行投资的行业差别政策和区域差别政策，通过税率等经济杠杆促使旅游投资流向资金缺口较大和提升地区旅游业竞争力最为关键的项目；促进旅游专项产品的发展，鼓励资本进入诸如农业观光、工业旅游、会展旅游、生态旅游、探险旅游等具有良好成长性和市场潜力的专项旅游产品开发；地方政府还要通过协调机制，保障开发商及当地社区等利益相关者的利益。

3.健全旅游投资引导及约束机制，改变不利于旅游业健康发展的营利模式

目前，旅游投资的高增长并未形成高利润，旅游投资回报不容乐观，为什么还有许多投资实体"跑马圈景区"呢？很多旅游投资商的营利模式，主要是以资本运作的方式，如虚假高估景区经营权抵押给银行骗取贷款、收取会员费或高价转卖经营权，或者在景区通过旅游房地产开发，实现短期内超额套现、套利。这些投资商并没有重视提高旅游经营管理水平，从旅游经营管理中获取直接收益，而专注于如何通过旅游融资圈钱。这样的旅游营利模式会阻碍旅游业的健康和可持续发展。

4.理顺地区、部门之间的旅游投资管理关系，建立全面统筹调控机制

地区、部门之间的冲突，本质上是投资利益的冲突。地方政府应

坚持"有进有退、有所为有所不为"的原则，让利于企业、让利于民间，把政府投资集中于旅游基础设施配套等公共旅游产品和准公共旅游产品上，为企业投资主体发展壮大做好铺垫，减少部门之间为与企业争利而造成多头管理、政出多门，缺乏统一规划。将政府行为的强制性与市场利益的诱致性有机结合，平稳、高效、公正地进行中观旅游投资机制的改造，实现地区、部门之间的全面统筹。既降低旅游投资的中观交易成本，又能高效地对旅游投资进行调控。

三、旅游微观投资机制分析

从企业角度看，"十五"期间旅游投资企业投资总额为4 643.03亿元。其中，国有企业投资833.86亿元，占企业投资总额的17.95%；股份制企业投资1 869.84亿元，占企业投资总额40.29%；其他成分的企业投资1 939.33亿元，占企业投资总额的41.76%。"十一五"期间，我国旅游投资中企业投资预计将达10 868.13亿元。其中，国有企业投资1 522.43亿元，占企业投资总额的14.02%；股份制企业投资4 297.49亿元，占企业投资总额39.54%；其他成分企业投资5 048.21亿元，占企业投资总额的46.44%。从以上数据可以看出，旅游投资中的企业投资结构发生了略微变化，国有企业的投资比重略有下降，股份制企业的投资比重持平，其他成分的企业投资比重略有增长。说明两点：一是微观的企业投资是我国旅游投资的主体；二是国有企业投资比重下降，混合所有制企业的投资比重上升。可以说，微观层面上的旅游投资主体是非国有的混合所有制企业。

（一）现代旅游投资的特征决定了微观旅游投资机制的构造

现代旅游投资具有五大显著特征：

1. 多环节配合。旅游产业具有无边界的特征，与之相关的有109个行业，一次出游是多个环节的消费服务链。旅游投资的收益也就需要产业之间的无缝链接与良性联动，需要旅游产业链各环节的提升与质量保障。

2. 差异性很大。由于旅游的产业链长，投资领域多，涉及的旅游项目的复杂性和差异性很大，加上创意创新集成的空间很大，同时不同的投资商的投入力度、回报率要求等因素不同，形成了旅游商业模式上的巨大差异。

3.高投入与长效性的投入产出特征。旅游从原来的低门槛逐渐发展到目前的中高门槛。门槛的提高是由于消费升级、产品升级、进入性投资加大及竞争加剧造成的，同时旅游又是一个持续回报的长效投资产业。

4.外部约束性。尤其是体现在法律和保护两方面的约束。由于大部分旅游资源是国家所有，纳入了法律保护，很多重要的旅游资源不能进入市场流通，形成了旅游资本化障碍，同时生态和文物保护等客观上也造成了很多限制。

5.旅游投资的高敏感性与高适应性并存。旅游投资本身受政治动荡、军事冲突、自然灾害、流行性疾病、金融危机、经济危机等的影响非常大，但总体上，旅游投资也具有一定的抗风险和调适恢复能力。

（二）旅游投资特征导致微观层面上企业旅游投资的机制特点

1.企业投资出于避害趋利的机制作用，形成“四重四轻”的投资结构。重旅游服务投入，轻旅游资源的开发和保护；重旅游接待服务设施建设，轻旅游基础设施的建设；重住宿接待设施建设，轻其他接待服务设施的投入；重短期经济效益，轻长期资源保护、社会效益和经济效益。

2.企业旅游投资的产业集群度不够，核心竞争力不强，多元化投资中的垂直多元化和横向多元化程度低，未形成有力的营利机制。

3.旅游投资企业内部治理机制不健全，投资前期可行性研究不足，投资实施期及投资运行后期的风险控制机制脆弱，造成投资决策不科学，投资盲目性较大，尤其表现在宾馆、酒店业的投资。学者许春晓、叶莉对旅游上市公司动态竞争力比较的实证分析（2008年），证明了我国16家上市的旅游样本公司中，酒店类企业竞争力排名处于中等偏下水平，说明这与我国酒店数量过多和同质化严重的激烈竞争格局有高度关联；景点类上市公司业绩较好，是因为景点类公司旅游资源特色显著，且具有很强的垄断经营特征，在国内外具有一定的知名度。

4. 旅游投资企业的资金来源渠道单一，过多倚重直接投资，间接投资来源不足，融资渠道不畅。融资机制不健全，极大限制了旅游投资企业的投资规模，降低了旅游投资企业对资金的控制能力。

对于旅游投资企业微观机制的构造，本章放在第二节阐述。

第二节　旅游投资机制的目标

一、旅游投资机制的总括目标

旅游投资机制的构造，涉及政府与市场主体——旅游投资企业的权衡，即在旅游投资管理中政府与企业发挥作用的机制。是通过政府压力改造企业以增进旅游投资效率，还是通过市场压力改造政府以增进政府效率，这要依照相关约束条件而定。

施莱弗(Shleifer，1998 年)认为：政府在以下情形中是重要的：第一，降低成本使得产品质量因不可缔约而导致的降低相当显著；第二，创新是相对不重要的；第三，竞争很弱，并且消费者选择是无效的；第四，声誉机制的作用很弱。当然，反过来的情形就是市场机制是重要的。对发达国家而言，政府的治理结构已经比较完善，市场的治理机制也已经比较完善，如何激励创新就成为发达国家发挥政府和市场作用的核心。对我国这样一个处于发展、转型的发展中国家而言，政府的治理结构不是很完善，企业的治理机制也不是很完善，它们需要应对的是很容易达成共识的产业结构升级，从而形成“聚点均衡”，政府在获取总体信息上有比较优势，企业则没有这种比较优势。旅游投资作为引领旅游产业升级的原动力，总是会引起政府理性与企业理性的冲突，轮番出现旅游投资过热和旅游业产能过剩的“潮涌现象”。

旅游投资机制构造的总括目标应该是:在旅游投资体制改革的过程中,整体推进,让政府和企业通过有效的边际替代配合起来,理清各自的边界。

具体来说,在旅游投资领域,政府的基本属性应包括:公共责任的法治性、公共利益的至上性、行政责任的确定性、责任对象的公共性、问责主体的广泛性、行政权责的一致性和公职义利的对等性等七个方面。尽快实现政府职能从经济建设型和行政管理型向公共服务型转变;增强政府旅游投资的科学性,提升旅游投资效率:(1)健全政府旅游投资的咨询与论证制度;(2)界定政府在旅游投资中的公共性领域;(3)树立科学的发展观和正确的领导干部政绩观;(4)由政府引导,市场调节优化旅游投资结构。

在旅游投资领域,混合成分的所有制企业作为旅游投资的市场主体,是一个多边契约关系的总和,其基本目标是在保证企业长期稳定发展的基础上,强调企业价值增值中满足以股东为首的各利益群体的利益,即在权衡企业相关者利益的约束下实现所有者或股东权益价值最大化。其旅游投资机制的建立和运行的首要任务是协调相关利益群体的关系,化解相互之间的利益冲突。要把握的原则是:力求企业相关利益者的利益分配均衡,减少各相关利益群体之间的利益冲突所导致的企业总体投资收益和投资价值的下降,使投资利益分配在数量上和时间上达到动态的协调平衡。旅游投资企业投资机制的建立和运行的基础是公司治理和财务监控。公司治理是有关企业控制权和剩余索取权分配的一套法律、制度以及文化的安排,涉及所有者、董事会和高级执行人员之间权力分配和制衡关系,这些安排决定了公司的目标和行为,决定了公司在什么状态下由谁来实施控制、如何控制、风险和收益如何分配等一系列重大问题。而有效的公司治理取决于公司治理结构是否合理、治理机制是否健全、财务监控是否到位。

1.公司治理结构是明确界定股东大会、董事会、监事会和经理人员职责和功能的一种企业组织结构。根据我国《公司法》,上市公司治理结构涉及:公司最高权力机构的股东大会,对股东大会负责的决策机构即董事会,对董事会负责的执行机构即高级管理机构,监督机构即监事会和外部独立审计。

2.公司治理机制是公司治理结构在经济运行的具体表现。包括内部治理机制和外部治理机制。内部治理机制是指为保证投资利益在公司内部通过组织程序明确股东、董事会和高级经理人员的权力分配和制衡关系,具体表现为公司章程、董事会议事规则、决策权力分配等一系列内部控制制度;外部治理机制是通过企业外部主体如政府、中介机构和市场监督约束发生作用的。

3.财务监控。公司治理结构和治理机制的有效实现是离不开财务监控的,公司治理中的每一个层次都有监控的职能。从监控的实务来看,最终要归结为包括财务评价在内的财务监控,因此,有效的公司治理体系必须有完整的财务监控来支持。国资委制定的自2006年5月起实施的《中央企业综合绩效评价管理暂行办法》,对旅游投资企业的业绩评价和财务监控可以说是一个范本和标杆。

4.财务信息披露。大量事实证明,信息披露特别是财务信息披露是公司治理的决定因素之一,而公司治理的体系和治理效果又直接影响信息披露的要求、内容和质量。一般而言,信息披露受内部和外部两种制度的制约。2005年新修订的《公司法》和财政部2006年颁布的《企业会计准则》对公司信息特别是财务信息的披露进行了规范,在内容和形式上作出了具体的规定。一个强有力的信息披露制度是股东行使表决权力的关键,是影响公司行为和保护其他利益相关者的有力工具。

二、旅游投资机制的核心

旅游投资机制的核心是机制创新。

旅游投资机制创新是对旅游投资机制的规划、准则和运行的策略组合所作的边际调整,包括机制内容的替代、转换和交易过程。旅游投资机制的创新有两个来源:一是内部来源。即机制本身衰退所造成的不适应性，使现行机制激励水平下降，交易成本上升。二是外部来源。由于外在因素（包括市场容量的变化、技术变迁、政府政策变化三个方面）变化，引起相对价格变化打破原有系统平衡，形成潜在利润，潜在利润诱导机制变迁。旅游投资机制本身的不适应性是机制创新的原动力，旅游投资机制创新的目的就是为了降低交易费用，提高激励水平，促进旅游经济的健康、快速增长。

政府通过旅游投资机制的创新，构建与市场经济相适应的产权制度、公司治理结构、投资运作方式和宏观调控机制，加大对企业投资旅游业的吸引力，形成旅游投资主体多元化，以推进我国建设世界旅游强国战略的实施。

旅游投资企业通过旅游投资机制的创新，构建起与市场经济相适应的内部治理机制，真正实现旅游投资的利益驱动、价值增值、关系协调、自主决策。

三、旅游投资机制运行状态描述——微观层面的旅游投资企业

旅游投资企业的投资机制运行是否良好有效？是否需要创新？完全有赖于投资者及相关利益者对旅游投资企业的价值变动，财务信息的接收、解读和运用。国外投资专家有一句著名的格言："盯住仪表盘"，即企业财务信息繁杂，作为投资者，好比汽车驾驶员，在令人眼花缭乱的仪表中，盯住主要的那几个仪表，操控好那几个仪表和杠杆，就可以调适汽车的速度，保证汽车驾驶的高速和安全。企业投资者在旅游投资机制运行中，要评估机制的有效度、可靠度、效益度，可以盯住以下几个方面：

（一）所有投资的基本原理是：投资项目的收益率超过投资的资金成本率时，公司的价值将增加；投资项目的收益率小于投资的资金成本率时，公司的价值将减少。

（二）投资项目的收益率表现为净资产收益率。

（三）投资的资金成本率，是一种机会成本，是投资者将资金投资

于其他风险资产可以赚取的收益。

（四）结合上述原理和著名的杜邦分解法，可以构建一个基于旅游投资企业价值创造目标的旅游投资机制运行状态的描述及评价模型。

1. 杜邦分解法：

净资产收益率＝（净利润/净销售收入）×（净销售收入/总资产）×（总资产/净资产）

＝销售净利率×总资产周转率×权益乘数

2. 旅游投资企业机制运行状态描述模型：

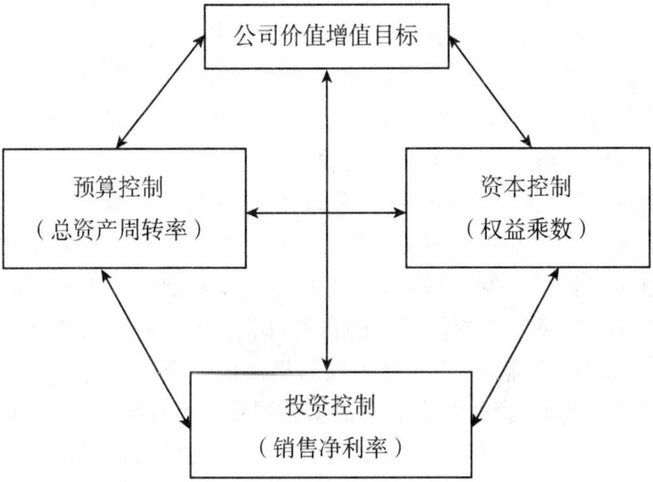

图 6-1　旅游投资机制运行状态描述模型

（1）销售净利率是投资控制机制运行的结果，决定于旅游投资企业的市场结构与竞争战略。战略资源是旅游投资企业取得竞争优势、适应市场结构变化、创造公司价值的基础，而投资是企业获取和培养战略资源的重要环节，投资项目和投资方向的选择与旅游投资企业价值创造能力密切相关，投资控制的效果即生产效率决定着旅游投资企业的发展能力。

(2)权益乘数是资本控制机制(融资机制)运行的结果,决定于旅游投资企业的融资政策和财务风险偏好。权益乘数表示股东1元的投资所驱动和控制的总资产。资本控制机制解决的就是如何将派生于财产所有权上的法律上的控制权转化为现实的控制权,可以说资本控制机制从两个方面影响着公司创造价值的效率:形成特定的资本结构和财务激励与约束机制。所以它反映的是旅游投资企业的资本配置效率。

(3)总资产周转率是预算控制机制运行的结果,决定于旅游投资企业的产品技术特点和内部管理。首先总资产周转率取决于旅游投资企业的产品技术特点,如酒店类或旅游地产类的企业资产周转率就要低于景区景点类或其他类型的企业资产周转率;其次取决于旅游投资企业的内部管理水平,比如应收账款的管理等。预算控制机制运行的目的是提高企业资源的利用效率,以创造更多的价值,其效果好坏表现为旅游投资企业的营运效率。

(4)模型中各项机制运行关系。高效率的投资控制机制为企业提供了价值创造所必需的资源,高效率的资本控制机制则为这些资源的合理使用提供了制度保障,高效率的预算控制机制则通过对资源的有效利用最终实现价值创造的目的;同时,预算控制又直接影响着企业当期的现金流,有效的预算控制机制能为企业下一步的投资提供更多的资金,为企业激励制度的实施提供物质保障。总之,各机制之间并不是简单的互动关系,而是一个相互增强或减弱的乘数循环结果。

第七章　旅游投资业态分析

第一节　旅游要素投资状况分析

中国旅游业的高速发展不仅仅是源于宏观经济政策的导向，人们消费理念的转变和生活水平的提高、持续稳定增长的旅游投资也是重要因素之一。国家旅游局纳入统计范围的数据显示，2003—2007年期间旅游投资始终保持高速增长的态势。这些年传统旅游投资领域不断得到发展，尤其是市场上出现的一些新的领域，尽管还未完全成熟，但对旅游业总体产品空间拓展、未来旅游投资领域的引领，都将具有重要意义。

一、宏观层面

2007年，科学发展观为旅游投资指明了方向、提出了要求，国家宏观导向对旅游投资发挥了促进作用，国有企业的整合和融资改变了旅游投资结构，民间资本的热衷跟进为旅游投资再注活力，投资的领域相对集中。

表7-1　全国旅游固定资产投资情况

年　份	2003年	2004年	2005年	2006年
固定资产总额(亿元)	4 341.25	4 726.99	6 233.07	6 934.78
同比增长量(亿元)	332.26	385.74	506.08	701.71
同比增长率(%)	8.28	8.90	31.86	11.26
旅行社占总固定资产比例(%)	8.93	9.0	6.73	6.99

续表

年　份	2003 年	2004 年	2005 年	2006 年
星级饭店占总固定资产比例(%)	67.2	68.3	60.62	57.07
旅游区旅游车船公司等其他企事业单位占总固定资产比例(%)	23.91	22.7	33.01	35.94

注：表格中的固定资产总额是指全国旅行社、星级酒店饭店、旅游景区点、旅游车船等旅游企事业单位的固定资产总额。(《中国旅游年鉴》2004—2007 年)

表 7-2　全国旅游投资情况

年　份	2004 年		2005 年		2006 年	
全国旅游投资	总额(亿元)	比例(%)	总额(亿元)	比例(%)	总额(亿元)	比例(%)
	385.74	100	1 506.08	100		
旅行社	36.52	9.47	−5.12	−0.37		
星级酒店	311.82	80.84	528.67	35.10		
景区及相关企业	37.4	9.70	982.53	65.24		

资料来源：《2007 年：中国旅游发展分析与预测》(旅游绿皮书)。

从表 7-1 中可以看出，2003—2006 年的固定资产总额增量分别以 332.26 亿元、385.74 亿元、506.08 亿元、701.71 亿元的幅度逐年增长，说明各行业投资较 2003 年以前有了较大的变化，尤其是 2005 年的增幅惊人。通过测算可以得出四年的年均增长率是 15.08%，如果以后年份的投资增速大于近四年的增幅，投资总量将会很大。

其中旅游投资主要集中在旅游饭店等资金占用较多的领域，但是 2004—2006 年间，星级饭店所占旅游总投资额的比例有下降的趋势；而旅行社吸纳的投资比例较少，但是 2003—2006 年的年均投资总额在大幅增长；以旅游景区点为代表的其他类旅游企业在总投资中所占额在逐年增加，发展良好，所占市场份额逐年扩大。

二、区域层面

表 7-3　各地区各类旅游企业投资量(亿元)

年　度	地　区	酒　店	景　区	旅行社	合　计
2004 年	东　部	194.08	-88.85	21.92	127.15
	中　部	49.39	46.76	3.88	100.03
	西　部	68.35	79.5	10.72	158.57
	合　计	311.82	37.41	36.52	385.75
2005 年	东　部	392.27	844.2	5.9	1 242.37
	中　部	63.46	62.98	-5.45	120.99
	西　部	72.95	75.34	-5.58	142.71
	合　计	528.68	982.52	-5.13	1 506.07

资料来源:《2007 年:中国旅游发展分析与预测》(旅游绿皮书)。

从表 7-3 中可看到:

从纵向合计数(末列)看,各年间东部地区占据投资大部分,在旅游投资急增的 2005 年,东部地区吸纳了全部投资 1 506.07 亿元的 82.49%,达 1 242.37 亿元。

在横向投资领域分布上看,除 2004 年东部地区的旅游投资集中于酒店,景区投资下降外,2005 和 2006 年度景区和酒店都是各地区投资的绝对大头,尤其景区,都占到各地区当年投资的 50%以上;从各领域投资地区分布中,除 2004 年东部景区投资减少外,其他年度所有领域当年投资的绝大多数集中在东部地区,2005 年全部 982.52 亿元的景区投资就有 844.2 亿元投资在东部。旅行社一直是投资的冷门,2004—2006 年仅有 44.57 亿元投入旅行社,其中 31.60 亿元投资在东部地区,占总投资的 70.90%。

三、微观领域

表 7-4 各种饭店经济类型投资情况

饭店经济类型	2005 年固定资产(万元)	2006 年固定资产(万元)	差额(万元)
合　计	37 560 436.38	39 574 463.42	2 014 027.04
国有企业	16 929 828.78	16 554 025.82	－375 803.04
集体企业	2 008 831.96	1 752 515.85	－256 316.11
股份合作企业	510 979.92	605 116.47	94 137
联营企业	221 570.00	199 313.70	－22 256.30
有限责任公司	5 988 268.33	7 413 694.92	1 425 426.59
股份有限公司	1 871 894.58	2 209 799.44	337 904.86
私营经济	1 796 605.68	1 992 771.18	196 165.50
其他企业	590 539.98	664 124.61	73 584.63
港澳台投资经济	3 716 603.83	4 397 670.73	681 066.90
外商投资经济	3 925 313.32	3 785 430.70	－139 882.62

资料来源:2007 年《中国旅游年鉴》。

从表 7-4 中可以看出,国有企业在饭店总投资额中所占比例相当大,几乎占到一半,其次是有限责任公司和港澳台投资经济、外商投资经济。国有企业、集体企业、联营企业逐渐退出市场,股份有限公司、私营经济逐渐增加。

第二节　传统与新兴旅游投资业种、业态、业类分析

经过改革开放近三十年来的发展,我国旅游业取得举世瞩目的成就,开始实现由旅游大国向旅游强国的战略性转变。伴随着旅游市场环境和制度环境的转型与变革,中国旅游产业运行主体的商业形态和运营模式正在经历着战略意义上的演进与发展,传统的旅游业态自我变革,创新的旅游业态不断产生。

一、传统旅游投资业种、业态、业类分析

在我国旅游业传统的投资领域，对食、住、行、游、购、娱六大要素的投资始终未能得到均衡发展，呈现出显著的差异性。在对这些传统旅游业态投资状况进行分析时，必须综合考虑到国家宏观政策和市场需求双方面的影响作用。

（一）饭店业

1. 现状分析

旅游饭店业是我国与国际接轨最早、开放步伐最快的行业之一，是中国改革开放的形象和窗口。由于国家在这一领域很长时间内没有限制，导致长期以来对饭店业的投入资金占整个旅游行业的比例较高。

表 7-5　2006 年全国星级酒店规模及其经营情况

	酒店数（家）	客房数（万间）	床位数（万张）	营业收入（亿元）	客房出租率（%）
合　　计	12 751	145.98	278.55	1 482.86	61.03
按经济类型划分					
国有企业	5 832	66.59	131.22	599.42	60.06
集体企业	902	8.46	16.54	66.05	58.69
股份合作企业	334	3.31	6.29	26.13	58.65
联营企业	71	0.88	1.66	6.67	58.72
有限责任公司	2 278	27.86	52.37	284.41	62.17
股份有限公司	593	7.58	14.33	84.12	64.03
私营经济	1 871	15.25	28.63	118.11	58.87
其他企业	285	2.78	5.29	16.73	58.41
港澳台投资经济	329	7.49	12.7	162.99	66.34
外商投资经济	256	5.79	9.5	·118.2	65.71
按规模划分					
客房数 500 间以上	113	7.48	12.02	185.67	65.38
客房数 300—499 间	471	17.3	30.17	297.95	64.13

续表

	酒店数（家）	客房数（万间）	床位数（万张）	营业收入（亿元）	客房出租率（%）
客房数 200—299 间	1 014	24.39	44.49	280.79	63.8
客房数 100—199 间	3 978	53.77	103.75	426.88	60.97
客房数 99 间以下	7 175	43.05	88.12	291.56	57.62
按酒店星级划分					
五星级	302	11.52	18.47	347.15	66.38
四星级	1 369	29	52.24	440.18	64.32
三星级	4 779	59.85	114.99	466.73	61.33
二星级	5 698	42.41	86.34	217.76	56.94
一星级	603	3.21	6.51	11.04	53.06

资料来源：中国旅游网《2006 年中国星级酒店统计公报》。

在酒店行业统计中以星级酒店为主。从表 7-5 中可以看出，在我国星级酒店的投资主体仍然是国有经济投资占主导地位，联营经济投资占有的比例最小。目前星级酒店的投资还是偏重于成本相对容易控制、档次中等的二、三星级酒店。2006 年中国星级酒店统计公报显示，客房数在 100—199 间以及 99 间以下规模的酒店占酒店总数的比例最高，这也说明这些客房数规模的酒店近年来是酒店投资的主要方向。

2. 新特点

在入世以后，特别是随着旅游业健康发展的态势越来越显著，我国饭店业进入了一个新的发展时期，业态的变革、完善和发展使得饭店投资显现出一些新的特点。

（1）在饭店高端业态规模急剧放大的同时，国内旅游蓬勃发展，消费者需求日益多样化，中低端市场快速成长，迫切需要形成以高端市场为龙头、多业态为发展格局的饭店业体系。

（2）饭店业投资重心从传统高端星级饭店向中低档饭店转移，由单一业态向复杂业态转变，经济型酒店正是在这个大形势下应运而生的新业态之一。国有集团、民营企业和各类上市公司纷纷做出投资建设和改造经济型酒店的计划。

(3)在星级饭店成为饭店业主流的背景下,出现了一些充分细分的饭店业态,而非星级饭店也开始分化,多种形式的饭店业态快速推进。

(二)旅行社业

1.现状分析

中国旅行社业未能真正融入中国经济,也明显地落后于旅游业发展的大环境。作为在旅游产业链条中处于市场组织地位的旅行社,对于旅游市场的稳定与发展有着不可替代的重要作用。我国对旅行社的市场准入设置了较高的门槛,再加上旅行社本身经营成本较低、占用资金不多等原因,这导致旅行社领域存在吸纳资金不足、缺乏大规模的旅行社集团的格局。

根据国家旅游局的统计数据可知,2003 年至 2006 年旅行社数量分别是 13 361 家、14 927 家、16 245 家和 17 957 家,固定资产总额(原值)分别为 387.86 亿元、424.38 亿元、419.26 亿元和 484.80 亿元。由此看出这四年旅行社行业固定资产投资总体上呈现不断增长趋势,除 2005 年比 2004 年下降了 5.12 亿元以外,这四年平均每家旅行社的固定资产分别是 290 万元、284 万元、255 万元和 270 万元,前三年均明显下降,只是在 2006 年得到回升。通过这些数据可以看出,目前我国旅行社数量虽然不断增加,但是投资额增幅较小,总体发展后劲不足,有待进一步整合资源,提升总体实力。

2.新特点

中国旅行社产业在深度发展和激烈竞争进程中,呈现出产业集中与投资分散并存的新特征,市场趋势向着集聚化、信息化、有序化的方向发展。

(1)大量的旅行社企业正在谋求多种途径和多样方式的规模扩张与产业融合,以期在不断扩容的中国旅游市场上追求更多、更强、更广的产业话语权,并借此巩固或争夺自己在市场的主导地位。大型旅游企业集团,特别是大型国有旅游企业集团主导的旅行社产业集聚化进程进一步呈现出加快发展的态势。

(2)产品创新是企业生存发展永恒的主题。在过去相当长的时期内,传统旅游线路始终是旅行社的主打产品。但面对日益成熟的旅游消费者和多样化的消费需求,旅行社企业不断投资进行产品创新和服务提升,从而达到满足不同类型市场需求的目的。

(3)旅行社企业通过投资建设新的营销渠道和改造运营模式来提升竞争力。那些在市场上占据主导地位的旅行社企业在充分挖掘传统经营管理优势的同时,通过投资进行旅游信息化建设来获取新的竞争优势,实现在网络营销方面得到技术支撑和发展。

(4)国有旅行社资本意志的彰显,以及民间和境外资本增强对旅行社业的介入,使得旅行社业发展空间得到拓展。目前,国有资本在中国旅行社业,特别是在国际旅行社中仍然占有绝对的比重。但是随着国有资产管理体制的改革,国有旅行社的发展方向是通过股份制或其他相关途径完成公司制改造,建立现代企业制度,从而增强国有旅游企业的核心竞争力,对国有旅游类经营资产进行战略重组。从境外资本动向来看,已经进入到中国旅行社业的境外资本主要集中在北京、上海、广州等主要旅游客源地。

(三)旅游景区景点

长期以来我国对于景区景点的投资供给相对充足,在旅游业发展起步之后集中精力进行发展的领域。在景区景点的投资建设上,经历了从原始粗放式发展到精品化包装提升的过程,原有的产品不论是在外观、类型,还是在品位、档次方面,都有了显著的改变。

随着中国经济高速发展和人们收入水平的上升,加上旅游消费观念转换,国内旅游市场得到蓬勃发展,大量企业着手对景区景点进行投资开发建设。不仅仅是那些风景名胜区和文物保护单位开展了旅游经营,各种民营企业也对景区景点进行投资,通过开发不同类型的旅游产品来吸引旅游者的眼球,达到获取经济效益的目的。目前的景区景点投资仍然以国有资本和国内民营资本为主,不过随着各种法律规范的健全,外资也将会大量介入景区景点的投资。

表 7-6 4A 级景区有关数据

	总数	自然类	人文类	温泉\度假\公园\动物园等
2005 年以前 4A 景区数量(个)	508	235	190	83
2005 年以前各类 4A 景区比例(%)	100	46.26	37.40	16.34
2005 年新增 4A 景区数量(个)	175	69	71	35
2005 年新增各类 4A 景区比例(%)	100	39.43	40.57	20.00
2006 年新增 4A 景区数量(个)	79	28	32	19
2006 年新增各类 4A 景区比例(%)	100	35.44	40.51	24.05

资料来源:《2007 年:中国旅游发展分析与预测》(旅游绿皮书)。

通过对表 7-6 进行分析可以看出,伴随着景区景点大量的开发经营,对景区景点的投资方向在不断发生改变,在自然类景区景点的投资呈总体下滑趋势,而人文类的景区景点依然保持较高投入水平,同时休闲度假型的景区景点投资逐步增长,休闲度假类旅游产品随之成为新兴投资热点项目。在这一形势下,旅游景区尤其是生态类旅游景区,既成为地方招商引资的重点,也是投资者追捧的热点,因此近些年社会资本参与经营越来越多,很多企业不惜投入巨资取得一些景区的经营权并进行设施提升和改造。尤其是 2007 年初国家首批 5A 级景区通过验收,在其标准号召力、吸引力的作用下,更加带动了新一轮“创 A”性投入。但在进行“创 A”性投入时必须合理进行投资开发,避免在开发经营过程造成对资源的破坏,要在“创 A”的同时实现经济效益、社会效益与环境效益的统一。

(四)旅游餐饮业

我国餐饮业得益于良好的社会基础条件和充足的投资水平,得到了长足的发展,不论是在数量、规模还是在档次上,都基本满足了旅游消费者的需求。目前餐饮业主要的投资主体依然是国内资本,不过随着中国经济越来越融入到世界经济大格局中,大量的外资随之进入中国餐饮市场,并将在其中占据一席之地。

相对于其他旅游行业来说,餐饮业的市场进入门槛相对较低,因而存在大量规模较小、经营管理相对落后的民营餐饮企业。在外资不断进入的形势下，我国餐饮企业要想长远发展，必须改变经营理念、采用科学管理方法、提升综合服务质量，来应对外来的竞争压力和国内的多样化消费需求。近几年来，国内很多餐饮企业进行产权制度改革，有效整合资源，调整经营结构和经营方向，大量吸纳外来资金注入，推动了餐饮业产业化进程，朝着连锁化、标准化、集团化的方向发展。

（五）旅游交通、旅游文化娱乐、旅游购物

旅游业作为一个关联度较高、涉及行业门类众多的产业，并没有明确的产业边缘，它和整个社会供给密切相关，因而对于旅游交通、旅游文化娱乐和旅游购物方面的专门投资比例并不高。许多相关的设施同时是作为社会公共基础设施而被投资建设的。

就旅游交通来说。投资主体依然是政府占据绝对主导地位，虽然近些年出现少量民营航空、民营铁路、民营或合营的支线公路，但是由于投资者投资实力所限和较高的进入门槛，使得在这方面的企业投资依然寥寥无几。

在旅游文化娱乐和旅游购物方面，主要的投资还是附属于城市基本娱乐产业和购物设施，基本都是在城市之内建成，部分旅游景区景点也有一些旅游购物点。虽然说这些年伴随着乡村旅游、生态旅游以及观光农业旅游发展，出现了在乡村进行文化娱乐和购物设施的投资建设，但是和城市中相关投资对比而言存在着数量少、规模小、人气不高等问题，这有待于在发展旅游过程中进一步完善。

二、新兴旅游投资业种、业态、业类分析

中国旅游业经过了三十年的发展，在不断向旅游发达国家学习先进经验过程中快速成长起来，已经开始走上转型升级的发展道路，并且在学习引进和实践的基础上实现与国际化的接轨。特别是21世纪以来，中国开始走向旅游大发展的新道路，涌现了一批新兴旅游业态，有力地推动了旅游与经济、社会和环境的协调发展，凸显出旅游发展的广阔开发前景和巨大的发展潜力。这些旅游新兴业态正在成

为旅游投资的新热点。

(一)旅游房地产

近些年随着旅游业与房地产业的互动发展,“旅游房地产”这个概念被越来越多的人所提及。由于这一新兴业态呈现出的高额利润,吸引了大批的投资商、开发商和酒店投资管理机构进入到旅游房地产项目开发中来。目前涉足旅游度假物业开发的公司超过百家,不仅有华侨城集团、港中旅、中信、开元旅业、宋城等大企业,大批的房地产投资商、开发商,而且还包括大量的港台投资者,以及海外投资者如意大利时代集团有限公司、美国 IBM 投资基金等。

目前我国旅游房地产投资开发主要形态有产权酒店、分时度假酒店、旅游景观房产以及旅游休闲度假村等,这些旅游房地产开发基本上都融入了现代休闲理念,产品开发呈现多元化趋势,符合了时代发展的需求。旅游房地产的开发不仅仅是房地产开发商的投资利益,主要包括了政府部门、房地产商、消费者和当地居民四个相关利益者的利益诉求,因此旅游房地产的投资开发不仅要实现这四个利益主体的利益平衡,而且要实现经济利益、社会利益、环境利益以及公共利益的统一。

虽然我国还面临着旅游房地产开发法律、法规、制度不健全,专业人才缺乏,开发商意识水平有待提高,旅游房地产开发整体水平良莠不齐的问题,但我国国民经济持续健康发展,旅游房地产发展的环境日益成熟,旅游投资规模持续增长,市场需求潜力巨大,作为旅游业和房地产业的结合体,旅游房地产必将迎来更快的发展时期。

(二)乡村旅游

我国的乡村旅游起源于 20 世纪 80 年代,是我国旅游业发展中密不可分的重要部分。乡村旅游的发展同其他旅游行业一样,都需要依赖于旅游投资主体对其投资力度的加大。乡村旅游的发展虽然是以农村自然风光、人文古迹、农民日常生产生活以及民俗风情为旅游吸引物,但是在旅游基础设施建设、接待服务设施建设、景区景点建设以及市场营销策划等方面都需要大量资金的投入。

由于我国农民收入水平有限，所能提供的投入资金远远不能满足乡村旅游发展的需要，这就要进一步拓宽投融资渠道，吸引各方面投资主体对乡村旅游进行投资。就目前来说，我国乡村旅游的投资模式主要有以下几种：

1.政府主导投资开发

乡村旅游的发展资金来源渠道虽然呈现多样化的特征，但是政府投资在投资总量中占据绝对主导地位，是资金来源的最主要渠道。我国乡村旅游起步相对较晚，旅游基础设施还不完善，而且这些基础设施的建设需要巨额的投资。在这样的形势下，需要政府充分发挥主导作用，给予乡村旅游开发积极的引导和扶持，并投入大量资金进行基础设施建设。但是随着乡村旅游的完善发展，政府将会逐步转变职能，在乡村旅游中主要发挥协调指导作用，主要的投资开发由国内旅游企业和外资承担。

2.农民自主投资开发

在乡村旅游投资开发过程中，一些农民个体或者集体筹措资金参与乡村旅游的生产和经营活动，并由此获取相应的经济回报。农民自主投资活动主要表现在开办农家饭馆、旅馆，经营特色旅游产品、工艺品的销售。农民自主投资具有投资少、经营灵活、农业生产与旅游服务协调发展的优越性，这不仅有利于提高农民的收入，更有利于实现农村社会经济和旅游业的统筹发展。

3.外部资金投资开发

在一些旅游资源丰富的乡村，出现了外来旅游企业主导投资开发的模式，这种投资模式有效地将城市中旅游企业的资金、管理经验与乡村中丰富的自然风光、民俗风情结合起来，促进了旅游业对农村经济发展的带动作用。

旅游企业进入乡村投资开发必然是以营利为目的，这就需要有效地处理好外来企业同当地农民双方的利益关系，努力实现“双赢”的局面。

4.合作投资经营

在发展乡村旅游的过程中，存在着多个投资主体对同一旅游项目进行投资开发的合作投资经营模式。这种模式不仅有企业之间的联合投资，也有企业和个人的合作投资，还包含若干农村居民集资进行合作投资的方式。这种合作投资经营模式可以实现资金、劳动力以及资源的有效结合，容易产生规模效应，可以有效地引导农民实现共同致富。

（三）工业旅游

工业旅游是指以工业企业的生产过程、企业产品以及企业文化等相关因素为吸引物的旅游体验活动。旅游者在这个过程中可以了解到相关工业产品的生产过程、性能、质量等情况，满足行、食、游等基本旅游享受和更高层次的精神享受，而工业企业则把开展工业旅游作为一种营销宣传手段，希望通过旅游者的参观体验来加强与消费者的沟通，树立企业的良好形象，培育并进一步开拓市场。

我国的工业旅游始于 20 世纪 90 年代，开展的主体是一些著名的企业，比如海尔集团、青岛啤酒集团、农夫山泉矿泉水公司等。青岛海尔集团于 1999 年初推出的“海尔工业游”项目，仅在 2003 年就接待了中外游客 24 万人次，有效地展现了企业形象，加强了品牌宣传。2006 年红塔集团率先在云南省开展以工业旅游为主题的旅游项目，让游客亲临现场参观红塔集团的现代化大型生产线，以及融科技、绿化、喷泉、办公于一体的“花园式工厂”景区，从而展示了红塔集团的品牌形象，起到了较好的宣传促销效果。

目前在我国工业旅游开发主要有三种模式，即工业企业主导模式、主管部门引导模式及联合模式。三种开发模式分别适用于不同背景的工业企业。从国内工业旅游的开发情况看，工业企业主导模式是我国工业旅游开发经营模式中极具代表性的一种。所谓工业企业主导模式，主要是指由企业出资设立旅行社，让其垄断经营本企业工业旅游产品的开发方式。当前，我国开发的较为成功的工业旅游项目多采用此模式。另外，在工业旅游发展初期，有一些企业采用独立运作的方式开发工业旅游亦属此类开发模式。

（四）会展旅游

会展业，包括会议业、展览业和奖励旅游业，是当代旅游业的重要组成部分。会展旅游因其具有较强的兼容性、广泛的辐射面、较高的消费档次以及高含量的文化内涵等特性而备受世界各国的青睐。在一些旅游发达国家和地区的个别城市甚至将会展业作为支柱产业而加以培育扶持，比如法国的巴黎、英国的伦敦、新加坡和我国的香港等。

我国会展旅游业起步相对较晚，但是发展迅速。在过去举办会展完全是政府行为，投资主体和组织者都是政府，根本谈不上获取投资回报。但是随着会展业本身的高速发展及其对经济的巨大带动作用，各地政府越来越重视会展业的经济回报，而且各大旅游企业也纷纷拓展会展旅游业务，在一些地区还建立了专门的会展旅游协会。

目前我国会展旅游仍处在起步阶段，国内缺乏有效规范的组织机构和相关的专业化人才，并且政府在对大型会展中心的投资建设上还远远不能满足举办大型会议展览的需求，硬件设施相对薄弱，这些都在一定程度上限制了会展旅游的快速发展。同时国内企业和外资对于会展设施建设的投资力度还太小，主要还是以会展业的参与者身份出现，缺乏会展旅游的专业运营机构。

（五）自驾游

自驾游是近些年来发展较为引人注目的一种经济现象，而作为旅游市场的新热点，各类自驾游在聚拢了众多游客参与的同时，也吸引了不同行业的人们对其进行深度研究。它是一种集观光、休闲、度假于一体的深层次旅游体验活动，拓展了旅游者在旅游过程中自由选择支配的空间，因而具有广阔的发展前景，并由此吸引了旅游业界的高度关注。

目前在我国自驾游很大一部分是由与各大汽车品牌有关的汽车俱乐部或各类汽车爱好者组织起来的，而从旅游行业的角度来说，现在只有旅行社为了拓展旅游线路的产品类型而简单参与到自驾游中来，旅游其他行业部门暂时还没有涉足自驾游的组织和活动，所以对于自驾游的投资开发挖掘还处于初级阶段，缺乏具有一定规模的城市租车企业，不能为自驾游的消费者提供完善的服务。

国内的自驾游因受到各方面条件的限制，还十分零散，不能形成完备体系。与自驾游相关的其他产业，如汽车旅馆、异地租车、沿线导游、救援等产业都缺乏一定的投资者，相关服务体系也不完善，使得自驾游无法实现产品的丰富性和多样性。在自驾游的发展过程中，对于沿线旅游基础设施具有较强的依赖性，不论是沿途的交通设施、补给设施、通讯设施，还是医疗服务设施和住宿设施，对于自驾车旅游者的出行具有至关重要的作用。

总之，随着我国经济的日益发展，基础配套设施及旅游接待服务设施会更加完善，金融、信息、通讯服务会更加便利，旅游者出游将能真正实现“轻松自助”；同时，人们的生活水平将不断提高，消费理念将日趋成熟，将更加追求个性化、多样化、时尚化，因此自驾旅游市场发展的空间一定更加广阔。

第三节　旅游业态投资管理与战略

旅游业对于业态的选择和定位，需要正确地划分旅游业态以及定位什么业态来满足游客的需求。这就涉及以下问题。

一、旅游业态的选择与管理

（一）决定旅游业态的若干因素

现代旅游企业必须关注消费者的生活方式，通过选择合理的经营形态实现顾客满足生活方式的要求。业态管理模式是通过提供一系列相互组合的因素和手段来实现这种要求。影响旅游业态的因素是很多的，业态管理模式的效果是这些因素相互组合、相互作用的结果。从本质上讲，不同的业态模式实际上是这些因素的不同选择、定位和组合。从决定旅游业态的因素出发，可以反映旅游业态的内部构成，可以反映旅游业态的外在表现形式，对于认识、选择旅游业态提供了重要途径。

旅游企业的作用一般要通过形态、时间、场所效用来体现。

旅游企业是通过一定的产品来满足游客需求的,因此提供什么样的产品是旅游企业需要考虑的首要因素。产品形态是指关于产品属性的效用,游客通过判断旅游企业提供的产品质量等信息可以对形态效用产生理解,因此,越能够提供与游客期望一致的产品形态的旅游企业,越具有较高的服务水平。业态管理模式不只是局限于传统的产品转卖,旅游企业通过加工可以改变产品形态,因此企业在提高形态效用上具有更广阔的空间。旅游企业服务水平越高,对满足生活方式的贡献越大。

游客购买产品需要一定的时间,它包括从游客产生旅游动机开始,经过购买过程,到最终旅游完毕回到家中所需要的全部时间。时间对游客而言是一种支出,旅游企业通过提供一定的效用使游客购买时间减少,这就是所谓的时间效用。时间效用可以通过预定时间、旅游途中所用时间等尺度测算。预定时间越短,游览时间越长,旅游企业的服务水平越高,业态效用也就越大。

场所效用是由企业的数量以及分散程度决定的。企业数量越多,越密集,旅游者的便利性就越高。

业态效用的构成反映了决定旅游业态的基本因素,以下三种因素的不同组合会产生不同的业态模式。

按照业态效用理论,旅游企业在选择业态模式时主要考虑以下因素:

1. 从业人员

根据业态的不同特点,企业对员工的数量、招募、结构和管理方式存在多种选择。在发达国家,由于人事费用较高,在成本中占有很大的比重,因此十分重视人员数量的控制,旅游企业大多采用临时雇工和弹性雇工制度,平时并不保有大量从业人员;在发展中国家,旅游业作为能大量直接或间接解决劳动力就业的产业,承担了吸纳劳动力的重要责任,人员聘用和发达国家有所不同。

2.服务方式

服务方式是区别不同旅游业态的重要指标，从本质上讲，旅游企业就是服务企业，它通过一系列服务来满足游客的需求，服务竞争是旅游竞争的主要形式。现代游客虽然很注重服务问题，但是并非服务越多越好、越高越好，实际上企业的服务水平与游客的成本之间存在直接关系，如果接受高水平的服务，意味着要支付较高的价格。由于服务水平与成本之间存在反向关系，旅游企业与游客都重视权衡两者之间的关系。

3.客户关系

旅游企业最重要的资源就是游客，传统理念视企业与游客之间为简单和单纯的交易关系，只重视客流量，不重视培养与游客之间的稳定关系，因此传统管理模式下的顾客是分散的、随机的，企业与游客之间的背离并没有得到有效解决。在业态管理模式下，旅游企业坚持以游客为中心的思想，不单是在服务过程中优先满足游客的需求，而且在企业定位等方面也按照游客的要求来处理。业态管理模式以市场定位为基础，它立足于选定的游客群，因此对游客资源掌握得比较充分。为了培养客户关系，旅游企业实行有人情味的促销活动。在培养客户关系上，许多旅游企业采取了多种手段，比如发展会员制、开放游客管理系统、设立游客热线等。

（二）选择旅游业态的方法

对业态效用和构成因素的研究可以揭示旅游业态的构成和外在形态，把握业态的不同特点，但是，从实践的观点出发，无论是政府还是企业，不仅仅要了解业态的具体形态，更重要的是如何选择旅游业态，究竟哪种业态对政府和企业是适合的。业态管理模式的首要问题是确定企业的经营形态。

选择旅游业态可以有三个不同的视角，即竞争的观点、企业的观点和游客的观点。这三种视角立足于不同的角度，考虑的重点有所不同。

1.基于竞争观点的旅游业态选择

旅游企业之间日益激烈的市场竞争是旅游业态发展的重要动力之一。在业态管理模式下，旅游机构不再拘泥于严谨的分工格局，相互渗透、相互吸收日益加剧，因此旅游企业之间面对着更加激烈的竞争。当多家旅游企业直接竞争时，自然会想到探索新的经营方式，突出自己的经营风格，笼络特定的游客，因此旅游企业通过调整业态，实行差别化竞争就是必然的选择。

从竞争的观点选择旅游业态可以采用市场定位的方法。该方法首先要找到决定旅游业态的诸因素，运用要素组合的原理，找到若干种业态形式，然后根据竞争者现有业态的情况，选择与竞争对手相反的业态。

该方法的第一步是罗列和分解影响业态的各种因素，影响因素的多少取决于市场竞争因素，竞争越广泛，因素也越多；因素分解的深度则根据旅游企业决策的深度来考虑，如果研究得越细致、越具体，那么分解因素就越多。

第二步是对各种因素进行组合，筛选出一个可行的业态形式。当然，在因素组合过程中，可能出现与基本业态形式完全不一致的情况，但这正有可能成为新的业态。

2.基于企业观点的旅游业态选择

除了考虑市场竞争之外，旅游企业还需要立足于自身的特点和战略目标选择旅游业态。旅游企业具有不同的组织文化、资源状况和特长，这些因素是支撑特定业态的基础，一种合理的业态必须是在充分发挥旅游企业优势基础上才能达到预期效果。

我们采用“服务性—经济性”分析框架来解决基于企业观点的业态选择问题。所谓服务性是指旅游企业能够给游客提供的服务水平。所谓经济性对游客而言是指购买成本的节约性，当然成本既包括可以计量的，也包括不可计量的，对旅游企业而言是指经济效果。旅游企业提供的服务水平越高，游客的经济性也越高，因为服务性和经济性都是对游客有利的。但是对旅游企业而言，由于存在资源的有限性和能力的有限性，服务性和经济性之间存在此消彼长的关系，要想提高服务性，企业自身的经济性就会降低；相反，降低服务水平，企业减少了投入和负担，经济性必然上升。

3.基于游客观点的旅游业态选择

按照生活方式理论的解释，旅游业态的选择与游客购买行为有直接关系，旅游业态的本质就是坚持以游客为导向的原则，因此基于游客的观点选择旅游业态是十分重要的。在不同的生活方式要求下，游客的确存在对某些业态的偏好，这正如游客存在对品牌的偏好一样。

我们采用“购买参与度—信息判断力”分析框架来分析游客对不同业态的偏爱，从而为业态选择提供依据。所谓购买参与度是游客对购买过程的关心程度和担心程度。游客对购买活动的关心程度是不同的，如果关心程度高，就会调动他收集信息的热情，对经营形态选择的愿望也就越高，不会任意购买。所谓信息判断力是指在多种信息情况下，游客判断哪些信息与自己需求一致的能力。采用这两个指标的含义是：游客对旅游业态的偏好取决于他对购买活动的关心程度和对营业信息的理解程度，可以解释游客业态偏好的形成过程。

二、旅游业态的游客满足战略

(一)游客满足理论与旅游业态管理

选择适当的旅游业态是企业发挥优势、提高竞争能力的重要基础，但是如何让将选定的旅游业态运行好，取得理想的经营业绩才是更重要的。目前在发展新型旅游业态中，普遍存在的问题是过于重视业态的转换，过于轻视业态的经营。旅游业态管理模式的选择转换涉及很多方面，比如重新确定市场位置、改革经营方式、建立信息系统等，但其中最核心的问题是建立以游客为中心的经营体系。随着旅游者生活水平的提高，消费休闲方式的变化，必须转变企业的战略导向和标准，即以旅游者需求为导向、以游客满意为标准，积极实施游客满意战略。旅游企业建立选择业态管理模式的目的就是以业态的形式提高游客满意水平，因此游客满意战略也是旅游业态管理模式中的核心问题。

现代旅游者追求多种生活休闲方式，十分关注旅游过程中包含的价值观念、生活态度和人生取向，对旅游产品的评价已经不再是简单的从物质要素去评价，而是按照自己的生活期望和生活联想等精神要素去评价旅游产品。旅游者的满意程度也不再简单地停留在旅游过程的简单完成，而是更注重旅游的整个过程的体验性是否满足了最初的愿望。如果旅游企业提供的产品和旅游者的期望和联想是一致的，那么旅游者就认为自己的期望得到了满足。市场赢得竞争的关键就是要赢得游客资源，企业在开展竞争的过程中必须要关注游客满足程度。游客满足就是指游客通过购买体验而形成的对产品的基本态度、信念和心理感受。游客满足程度影响着游客以后的购买行为，决定企业的市场地位和经济效益。随着市场细分化和游客购买规模的增加，每一位游客都是企业的重要资源，游客资源的市场争夺日益激烈，以游客满足为核心实施游客管理成为现代企业管理发展的新方向，也是营销管理的核心问题。

由于游客满足和游客管理的重要性，从游客问题的概念已经上升到游客满足战略的概念。所谓游客满足战略是指战略上提高游客满意以创造更具有忠诚度的固定游客。所以，该领域重视对游客满足的战略分析和制定游客满足战略，重视从培育持续的竞争源泉上看待游客满足，重视管理方式与竞争优势、投资性、选择性相结合，探索为获得最有效的游客满足所需要的最佳资源配置模式。游客资源的重要性主要取决于两个因素：第一，企业对市场分割的能力日益增加，游客被区分在不同的更细的细分市场上，每家企业所影响的游客在数量上越来越少。同时，现在的每位游客的购买力不断增强，如果流失一位游客就意味着企业在经营收入上的损失很大，所以游客的价值不可忽视。第二，企业在获得新游客方面的费用比维持老游客的再购买方面的费用要大的多，据统计调查前者的费用大概是后者的5倍。所以稳定游客比发展新游客更有利。

（二）旅游业态的游客满足战略

为了提高游客满足水平，旅游企业需要从战略上获得支持。在旅游业态管理模式下，旅游企业必须扭转传统的战略思想，必须在战略中体现游客满足的要求，旅游企业要把游客满足战略作为业态经营的支柱。

游客满足度受多种因素的影响，按照现代市场营销学的理解，市场交易由买卖双方构成，游客购买企业的产品或服务是因为游客存在某种自己解决不了的问题，所以卖方所提供的解决问题的方法就是影响游客满足度的重要影响因素，从这个方面来讲，现代市场营销的总体游客满足是通过基于双方同意的解决买卖双方问题而实现的，企业要作为问题的解决者，积极探索发现和创造性地解决游客的问题。

根据双方对问题的已知、未知程度可以将营销模式分为四种：

第一种，行动重视型。旅游企业和游客都知道应该解决的问题，但由于空间和时间的制约、分离以及信息不对称导致时空差距，问题没有得到解决。为了消除这种时空差距，企业必须重视行动。这种类型的营销在市场高度成长时期最能发挥效果，因为这一时期旅游企业面临的最大课题是防止机会损失，应当尽快地比竞争对手接近游客。

第二种，提案型。游客虽然是问题的提供者，但有时游客还未意识到问题，相反，旅游企业通过多种手段已经掌握了游客的问题所在，这时旅游企业应该向游客提供关于企业产品有关资料、知识信息，因此这种营销模式称为提案型。这种模式适用于旅游企业掌握了较丰富的市场环境的情况下。

第三种，服务型。游客了解自己的问题，可旅游企业不知道解决问题的办法。这种情况说明旅游企业落后于游客，在适应游客需求上有差距。

第四种，教学研究型。旅游企业和游客双方都不知道存在的问题和解决问题的方法，游客不知道获得什么才能满足自己，旅游企业不知道怎样解决游客的问题才能从中获利，双方都没抓住解决问题的本质。此时，双方应该相互理解，一起确认问题的本质和解决方法。这种营销常出现在技术方向与需求方式难以辨认和难以理解的领域。

第四节 旅游业态的战略投资与整合

一、旅游业态战略投资与整合的总体思路

旅游产业的竞争日趋激烈化，催生了旅游业态的这一新概念，从根本上来说旅游业态是源于流通领域的业态概念在旅游产业的延伸。旅游业态实际上是对旅游行(企)业的组织形式、经营方式、经营特色和经济效率等的一种综合描述。从空间维上，它首先应该界定旅游业的业种(包括业种内部的行业)范围，并探讨其结构的合理性和高级化程度；在时间维上，它既包括对旅游业当前所处的发展阶段和生存状态的基本认识，也包括对旅游业未来发展趋势的基本预测，是包含了业种、业状和业势三大内容的一个多维复合性概念。

纵观当今旅游业态演化日益复杂多样化的趋势下，业态竞争也不仅仅是局限在传统的旅游相关行业，因而要想实现旅游业态的良性发展，必须根据旅游产业自身的特征，制定出完善的旅游业态战略投资与整合的总体思路，这就需要从以下几个方面着手。

(一)创新业态发展思路

传统旅游业态发展思路是仅仅通过对旅游资源的品质或旅游市场的需求的把握来开发旅游产品，这种思路是在旅游发展的开始阶段所采用的发展模式，已经不能适应现代旅游发展的需要。在旅游已经成为人们日常生活中一个重要组成部分，旅游者消费需求呈现多样化与个性化的形势下，旅游业态发展思路必须由资源导向模式向市场导向模式和形象导向模式转变，以全新的视角去看待旅游业的发展，催生新兴旅游业态来促进旅游业态良性发展。

在推动旅游产业转型升级的同时，积极引进和构建专业化、细分化的新业态，实现以产业链延伸为基础的内涵式发展，向国民经济各

领域中渗透发展。旅游企业应该谋求多种途径和多样方式的规模扩张与产业融合，引导大型旅游企业集团加快产业集聚化进程，建立现代企业制度和现代产权制度，以期在旅游服务市场追求更强、更多、更广的产业话语权。要对外积极宣传促销，根据自身旅游发展优势进行最佳形象定位，达到良好的品牌效应，并且通过旅游区域合作进一步开拓客源市场，提升旅游业发展的综合竞争力。

（二）优化业态发展结构

作为旅游发展水平的“指示器”，业态结构的优化表明了旅游业发展水平不断提高，反之则意味着旅游业发展水平的下降。优化业态发展结构包括两方面的内容：一是业态结构的合理化，即旅游行业内部及其相关行业实现协调发展，构建布局合理、功能完备、专业化程度较高的旅游业态结构，从而达到旅游经济的和谐运转。二是业态结构的高端化，即旅游业的发展应该实现全面转型升级，由劳动密集型向资金和技术密集型转变，由观光型旅游向体验型旅游转变，由以经济效益为主向以经济效益、社会效益和环境效益的协调发展为主转变，由重视业种发展向重视经营运作方式转变。

旅游业的发展必须要摆脱传统观念的束缚，坚持以结构调整为主线，不能仅仅简单地模仿别人的经验，需要加深对业态内涵及其演变机制的研究，这就需要从以下三个方面入手，全面优化旅游业态结构。

1. 转变传统投资思路，拓展新的投资领域。从旅游六大基本要素来看，改变长期以来视宾馆饭店、旅行社和旅游交通为旅游业三大支柱产业的传统观念，积极寻求新的旅游经济增长点，以经济效益为导向，将投资重点放在投资回报率高和利润高的景区景点业、旅游商品研发与生产经营以及新兴旅游服务业。

2. 以传统旅游业六大要素为基础，考虑到旅游者日益个性化与多元化的旅游诉求，积极发展新兴旅游业种、业态。比如旅游房地产业、会展旅游业、商务旅游业、红色旅游业及现代观光农业旅游等。

3. 在旅游各行业内部，积极鼓励支持运营模式的改革创新。比如在传统住宿业基础上，调整现有的住宿业态，增加度假元素，并引进和推出适应国内居民需要的新型度假业态，主要是指产权酒店和分时度假酒店的应运而生。在传统的旅游交通业态的基础上，积极鼓励包机旅游公司、自驾车旅游租赁公司和特殊交通工具旅游服务企业的发展。

（三）提升业态发展素质

提升业态发展素质，就是在创新的基础上，转变旅游经济增长方式，建立完善的经营管理机制，充分发挥现代网络信息技术优势，从根本上提升业态发展在运营机制、发展模式以及综合创新等方面的素质。主要是变外延式发展为内涵式发展，变规模数量型发展为速度效益型发展，变简单业态为复杂业态，变低级业态为高级业态，变浅层业态为深层业态。提升业态发展素质的关键是运用提高旅游产业发展的科技含量，实施科技兴旅战略，培养复合型旅游人才，增强旅游业的综合竞争力。

（四）打造业态发展品牌

业态发展品牌是旅游业发展综合实力的象征，现今我国旅游管理体制存在着条块分割、多头管理和发展无序的现象，导致我国旅游业态广泛存在“散、小、弱、差、乱”的特点。这就需要旅游产业内部和产业之间进行业态融合，依托具有一定实力的旅游企业集团，采用灵活多变的方式实现旅游业态品牌的构建，进行行业内部并购重组、跨区域旅游合作与联合，打造出综合性、专业性的大型旅游企业集团，形成良好的品牌形象，突出区域旅游的显著优势。

（五）凸现业态发展特色

不论是在何种行业的竞争中，特色永远是制胜的法宝之一。在现代旅游业态竞争过程中，特色竞争是旅游业市场竞争力的重要体现之一，也是旅游目的地生命力的源泉所在。旅游业态发展必须坚持走特色化道路，展示出自身的与众不同的个性特征，通过树立特色鲜明、内涵独特和富有招徕力的总体形象，拓宽旅游客源市场，吸引尽可能多的旅游者进入。在构建旅游业态特色的过程中，不论是在旅游环境、旅游产品、旅游服务还是旅游文化上，不论是在单一形象还是总体形象上，都必须要以特色为制胜的关键法宝，使得旅游目的地能在旅游者心目中树立个性鲜明的形象，促使旅游者前往旅游消费。

（六）营造业态发展环境

旅游业态的发展是在一定的环境背景下进行的，因而营造良好的业态发展环境对于旅游业的发展有着至关重要的作用。只有在发展环境得到良性循环运转的前提下，旅游业态的全面发展才能成为可能，否则那将只会是泡影。旅游业态发展环境应该从硬环境和软环境两个方面来进行培育：在硬环境方面，主要是加强基础设施和旅游服务接待设施的建设，提高相关配套设施的接待能力和接待水平，构建完善的接待服务网络体系。在软环境方面，主要是实现旅游管理体制的优化改革，建立高效运作的经营管理体系，完善有利于旅游业态健康发展的地方法律法规，出台促进旅游业态发展的政策体系，加大旅游高级管理人才的培养力度，营造全民支持旅游发展的良好社会氛围。

（七）提升旅游业态竞争力

提升旅游业态竞争力是旅游业态发展的终极目标。旅游业态竞争力主要是体现在旅游业的产业化水平、信息化水平、现代化水平与国际化水平、创新能力以及可持续发展能力等方面。提升旅游业态竞争力，就是通过业态综合竞争发展，实现旅游业的产业化水平、信息化水平、现代化水平与国际化水平、创新能力以及可持续发展能力的全面提高。

首先是通过旅游业内外的产业融合、结构升级以及学习国际先进经验，从整体上提高旅游业的产业地位和综合实力；其次是通过将现代科学技术运用到旅游业中来，特别是旅游电子商务的普及发展对提高旅游业整体信息化水平的作用等；再次是推进旅游基础设施和服务设施的现代化、服务水平的现代化以及旅游文化的现代化，抓住全球一体化的机遇，积极应对并参与全球旅游业态的竞争，来提高旅游业的国际化水平；最后是通过对旅游业的体制、机制、管理模式以及服务创新，来全面提高旅游业的综合创新能力和可持续发展能力。

二、催生、完善和优化旅游业态战略投资与整合的重点

(一)加快转变经济发展方式，推动旅游业发展的市场化进程

在改革开放的大背景下，我国旅游业以国际入境旅游为起点，面向世界旅游市场寻求发展，受到计划经济体制的束缚相对较小，使得旅游业的市场化程度远远高于一般传统产业。众多的旅游企业在市场化、商业化的环境中涌现并成长，打破了少数国有旅游企业垄断市场的局面，使得旅游市场的竞争日趋激烈，旅游业的前进步伐也大大加快。现代企业制度和灵活的经营管理方式率先在各类旅游企业被广泛采用，特别是一些外国旅游企业集团的进驻带来了高效的劳动用工制度和先进的经营管理模式，极大地推动了我国旅游产业的市场化进程和先进的经营管理模式。

在如今的旅游业发展形势下，必须要强调市场在旅游资源配置中的基础性作用，优化旅游业的所有制结构，积极放宽个体、私营和外资企业的旅游市场准入，促进旅游产业的所有制结构的多元化，推进旅游业发展的民营化和市场化进程。旅游业在发展过程中必须实现所有权与经营权的分离，政企分开，并且按照市场经济发展需要建立现代旅游企业制度和现代产权制度，以充分发挥旅游企业在市场中的主体作用。但是在这个过程中也不能完全忽视政府的作用，在市场机制作用范围之内政府尽量不去干预，但是当市场机制存在不足之时，就需要政府加以引导和扶持。

(二)促进业态整合，推动旅游企业集团化发展

旅游企业要想适应未来市场竞争与发展的需要，必然要进行行业整合，构建大型的旅游企业集团。大型旅游企业进一步实现横向扩张，市场领导型的主流运行商通过并购、联盟等方式实现跨区域经营和规模扩张的市场战略，这些都顺应了旅游行业整合的总体发展趋势。

首先，要转变观念，深化认识，营造出适合旅游企业集团发展的良好环境；其次，要积极推动，政策鼓励，多方位培育我国旅游企业集团化主体；再次，要开拓市场，扩大需求，为旅游企业集团化创造坚实的市场基础；第四，还需要完善结构，提升素质，打造适宜集团化发展的旅游产业服务体系和支撑体系；最后，要加强监管，转变职能，营造有利于集团化发展的政策环境。总之就是要在不断推进优势旅游企业进行跨地区、跨行业、跨所有制的联合重组过程中，改变"单打独斗"的传统思维模式，在"做大、做强、做精"的基本原则指导下，实现以综合性、区域性、专业性旅游企业集团为龙头和支撑的旅行社批零经营网络化、饭店经营连锁化、景区景点经营集团化、导游服务公司化、旅游运输联合化以及中小企业特色化的旅游产业组织格局。

(三)延长和扩展旅游产业链，加快复合型旅游业态的发展

在旅游行业进行大规模产业整合的同时，旅游业态发展呈现出产业链不断延伸的新趋势。旅游企业通过产业链的延伸，扩大了经营的范围和规模，经营内容更加丰富化和多样化，提高了旅游企业满足不同旅游者需求的能力，显著地提升了企业整体服务水平和综合竞争力。旅游企业以产业链延伸为基础实现内涵式发展主要采取下列途径：首先，采取横向一体化的战略，推行连锁化经营和特许经营，形成相对稳定的客源市场，扩大同业市场覆盖面，保障企业经济效益，提高特定旅游产品的市场占有率和增强企业开拓市场的能力；其次，采用垂直一体化的战略，在旅游六大要素涉及的所有行业开展业务，使企业经营领域覆盖产业链的全部，从而满足旅游者多样化的消费需求，降低企业经营的风险。

旅游业是产业关联度较大的综合性行业，与国民经济其他各行业相互渗透和融合，在此基础上旅游业态的复合化趋势也日益显著。旅游业态的复合化主要有两种表现形式：

首先，是国民经济其他行业向旅游业的渗透融合，这不仅促进了旅游产品的创新研发，而且催生新兴的商业业态。比如携程旅行网与招商银行共同打造了"携程旅行信用卡"，这标志着招商银行信用卡

向旅游业的渗透和拓展，有力地促进了旅行信用体系的建立。保险业在向旅游业渗透融合的过程中创新自己的金融产品，并形成旅游活动中所必需的各种旅游险，如旅游救助保险、旅游救援保险、旅客意外伤害保险、旅游人身意外伤害保险等。这些以银行(信用卡)、保险(旅行救援卡)为代理的金融业与传统的和非传统的旅行与旅游服务运营的结合，一方面促进了旅游产品的创新，另一方面则是极大地推动了新型产业形态创新的制度供给。

其次，是旅游业向国民经济其他行业的渗透与融合，促进了新兴旅游业态的衍生与发展。比如，旅游业向农业和工业渗透，就形成了乡村旅游和工业旅游；旅游业向体育业和教育业渗透，就产生了体育旅游和修学旅游以及校园旅游；当旅游业向会展业渗透，就产生了会展旅游。

(四)优化旅游业态的空间布局，加快旅游企业集群发展

产业集群发展已成为全球性的经济发展潮流，构成了当今世界经济的基本空间构架，是各国提升综合国力和竞争力而争相借鉴的新经济形态。在当今社会，产业集聚已经成为经济发展的主流，发达地区经济具有显著的产业空间集聚特征，而不发达地区经济仅有微弱的甚至于没有经济活动的空间集聚特征。产业集聚程度的高低已经成为检验区域经济发达与否的一个重要标志。

旅游经济作为国民经济的重要部分，在其发展过程中必须优化旅游业态的空间布局，加快旅游企业的集群发展。旅游企业集群的发展不仅显著地优化旅游业态的空间布局，还有助于旅游企业获得规模经济效应，提升旅游业的产业关联度，通过旅游经济的繁荣带动国民经济其他领域的共同发展。因而要充分利用经济、政策和市场手段，促使旅游企业向旅游经济基础较好的区域或者特定区域中经济区位优越的特定空间合理集聚，在实现方便游客的同时，又能达到提高企业经济效益、有利于实现政府管理的目标，推进社会和谐发展。

(五)建立高效运转的适合于推进和完善旅游业态发展的新型旅游管理体制

大量新型旅游业态的出现对政府的行业管理行为产生了不可忽视的影响。这是因为我们的政府管理体制体系是围绕传统的目的地接待、包价产品、入境旅游等市场和产业要素展开的,但是现在市场基础和产业形态都发生了很大的变化,政府对产业的管理体制理念、目标、工具、评价等方面都要随之作相应的调整,政府主管部门只有依据时代的发展和旅游业态的变化对整个制度体系作适当的调整,才能促进旅游产业的良性发展。

建立高效运行的旅游管理体制是实现旅游业态良好发展的重要保证,我国旅游业需要在适度超前的发展战略指引下,以改革为动力,探索出一套符合我国旅游产业发展特点,适合现代国际旅游市场竞争需要,能够有助于推进和完善旅游业态发展的新型旅游管理体制。首先,要进行旅游行政管理体制的创新,实现旅游管理的全面性、权威性和统一性,除了发挥旅游主管职能部门的行政管理职能之外,还需要在机构设置上组建更高层次、更高权威的旅游管理机构,解决跨地区、跨行业的旅游发展问题,同时组建和完善各级旅游行业协会,实现行业自律。其次,要实现旅游企业管理体制创新,按照两权分离的原则,政企分开,建立现代旅游企业制度,完善旅游企业的经营管理机制,促使旅游企业形成自主经营、自负盈亏、自我发展、自我约束的机制。

第八章　旅游投资效率分析

第一节　旅游投资效率的界定

旅游投资效率是一个特殊的经济效率范畴。

一、旅游投资效率的含义

旅游投资活动是有效率的，它应该表现为一种状态，一种能够使价值得以实现最大化的状态。旅游投资效率是指旅游投资所取得的有效成果与所消耗或占用的投入额之间的比率，也就是旅游投资活动所得与所费、产出与投入的比例关系。当然，此处的所费和所得之间的关系并不必然是一个相对数的概念，它也可以是二者之间的差额，即绝对数的概念。

二、对旅游投资效率的进一步分析

(一)旅游投资效率不等同于旅游投资效益

旅游投资效率和旅游投资效益之间既有联系也有区别。

1. 旅游投资效率与旅游投资效益在其含义上有相同的一面，表现在二者都关注所得与所费的对比关系。

2. 旅游投资效率与旅游投资效益又有不相吻合的一面，而它们不相同的一面就在于如前所述对所得与所费界定的范畴是不一致的：我们提出的旅游投资效率的范畴要比旅游投资效益的范畴要大得多，不仅包括了一般意义上投入与产出的关系，还更多地包括了风险与收益的均衡关系。同时，旅游投资效益这一概念将更多的注意力放在了旅游投资所得上，而旅游投资效率既关心所得也关心所费，更关心它们之间的对比关系。

（二）旅游投资效率不等同于旅游投资效应

旅游投资效应一般用来表明由于旅游投资而引起的各种作用和结果。

在旅游经济学中，对旅游投资效应这一概念的运用有一种特殊的偏好。例如，旅游投资可以增加对投资品的需求，旅游经济学中将其称之为旅游投资的需求效应；旅游投资可以引起国民收入的倍增，旅游经济学中将其称为旅游投资的乘数效应，等等。从旅游经济学对这一概念的运用可以看出，旅游投资效应的含义中不包括投入与产出的对比，因而旅游投资效应和旅游投资效率是完全不同的两个概念。

第二节　旅游投资效率的特征

前面已经指出，旅游投资效率属于经济效率范畴，是经济效率的一个有机构成部分。实际上，旅游投资效率无论是在其涵盖的范围上，还是在其衡量的标准上，一般与经济效率均有所不同。因此，旅游投资效率与经济效率是相互联系又相互区别的两个不同范畴，旅游投资效率并不是经济效率的简单组成部分，而是相对独立的特殊构成部分。

一、旅游投资效率价值标准的多样性

决策的价值标准，是指评价方案优劣的尺度，或者说是衡量目标实现程度的尺度，它用于评价方案价值的大小。

从活动的目的性来考察，旅游投资效率标准通常以政治标准、经济标准、文化标准、科学技术标准和社会环境标准的形式表现出来。就我国目前来讲，旅游企业投资效率的高低，是企业生存与发展的基础，企业若不能生存，企业职工的安顿自然就成了问题，这类问题看

似经济问题，实则属于社会安定问题，属于政治问题。而对于国有企业而言，是绝不能回避国有资产的保值增值的，这显然既是经济问题，也是政治问题。作为一种衡量投资效率的标准，文化标准也是客观存在的。文化标准通常进一步体现为财务资源在文化领域内分配结构是否合理及其合理化程度、财务资源的运用效率等。

旅游投资效率标准的多样性还表现在其衡量指标的多样性方面。即有些旅游投资效率指标是可以量化的，有些旅游投资效率指标则不可以量化；在那些可以量化的投资效率指标中，也存在可以量化程度上的差异，即有些量化指标可以较全面地反映特定投资活动的效率情况，有些量化指标则只能反映特定投资活动效率情况的某个侧面，对于这种指标，只有与其他有关非量化指标结合起来综合考察，才能较全面地了解特定旅游投资效率活动的情况全貌。旅游投资效率指标的这种多样性，表明各种旅游投资效率标准之间缺乏通约性。因此，不能以将各种指标简单相加的数学方法来了解和概括旅游投资效率的综合情况，而只能结合运用数学方法，从观念形态上加以概括和衡量。

二、旅游投资效率实现过程的跨部门、跨领域性

所谓旅游投资效率实现过程的跨部门、跨领域性是指旅游投资效率的实现不可能局限于一个部门、一个行业或一个领域中。无论是投资活动过程中的多元化经营策略，还是企业旅游投资活动过程中的规模扩张策略等，都不可避免地要在不同的部门、不同的行业或不同的领域中实现。

多元化经营是企业旅游投资活动回避风险的一种重要战略选择，西方有一句投资的至理名言："不要把所有的鸡蛋放在一个篮子里。"这就需要进行科学的投资组合，即如何运用定量分析方法选择能提供最大效用的投资组合，这个投资组合在一定风险水平上能够提供最大的收益，或在不降低收益的前提下具有最小的风险。当增加投资组合中资产的种类时，组合的风险将不断降低，而收益仍然是个

别资产的加权平均值。不应当把销售集中于少数客户，不应当使资源集中于个别供应商，重要的事情不要依赖一个人完成，重要的决策不要由一个人做出。凡是有风险的事项，都要贯彻分散化原则，以降低风险。对于在企业的财务活动中具有基础地位的投资活动而言，也不例外。理财者不应当把公司的全部投资集中于个别项目、个别产品和个别行业，从这个意义上讲，旅游投资者在确定投资组合的过程中，具有跨部门、跨领域的特点。

规模扩张是旅游企业投资活动过程中为获得规模效益的又一种重要战略选择：旅游企业投资活动的规模效益不仅仅是在单一行业、单一技术领域、单一业态、单一经济机能、单一地区中通过扩大规模所取得的纯规模效益。而是在不同行业、不同技术领域、不同业态、不同经济机能、不同地区之间发挥互补作用和进行资产重组所取得的规模效益，也就是说，旅游企业规模扩张的形式是多种多样的。国内旅游企业与国内旅游企业之间、国内旅游企业与国外旅游企业之间、国有旅游企业与私营旅游企业之间、内资旅游企业与外资旅游企业之间、同一行业之间、不同行业之间、同一旅游业态之间、不同旅游业态之间、同一产业领域之间、不同产业领域之间，均可以进行扩张联合、收购、重组，以实现旅游规模效益。从这个意义上讲，旅游投资者在确定投资规模的过程中，具有跨部门、跨领域的特点。

三、旅游投资效率的外部性

许多社会经济活动都具有外部性特征——这里的“外部性”，意为某一经济活动对社会产生的积极(positive)或消极(negative)的影响，前者称为积极的外部性(positive externality)，后者称为消极的外部性(negative externality)。前者如养蜂场的生产活动：该养蜂场如果是紧邻果树园，则蜜蜂在果园的花丛中不仅采蜜，而且还给果树花授粉，从而使果花最终能结出果实。这种顺便为果树传授花粉的情况就属于积极的外部性效应(effects)；后者如工厂对周围环境所产生的污染。

对旅游投资效率水平的衡量，在内容上不仅要求考虑各类旅游投资活动的直接结果，而且还要求必须同时考虑各类旅游投资活动的间接结果，即考虑外部性因素。效率的不断改善既是实现国民经济和旅游业良性运行和持续增长的重要前提之一，也是区域和行业经济不断发展和优化的一项基本途径。而旅游企业是经济的基础，企业效率的增长变化，会引发区域、行业和整个国民经济以及旅游收入效率的增长变化。在任何宏观经济体制下，旅游企业效率的改进和提高都是其求得生存和壮大的基本前提，微观层面的旅游企业效率的恶化和散失，必然导致宏观经济整体效率的恶化和下降，同时旅游企业效率的实现则又主要依赖于旅游投资效率的实现。因而，从这个意义上讲，旅游投资效率具有外部性特征。

第三节 旅游投资效率的影响因素

旅游投资效率的影响因素是由各种不同的方面构成的。企业所处的自然条件、技术水平、投资体制、经济社会条件、社会历史传统、人们的思维方式和思想观念等因素都在不同程度上决定或影响一个旅游企业的投资效率的形成和演化。探索旅游投资效率的影响因素，不但有助于揭开旅游投资效率形成与演化之谜，而且为塑造符合一般规律同时又切合旅游企业实际的旅游投资效率提供理论依据。

一、自然条件

自然资源条件，是指天然存在的、由自然力的作用而形成的各种自然物，自然条件主要包括旅游企业所处的地理位置，气候条件，地下、地上的资源种类和丰裕程度等。无论是在封闭的社会中，还是在开放的社会中，自然资源条件总是旅游投资效率的主要决定因素之一。自然环境中的自然资源，经过人们的开发、利用和加工，能够形成各种可供人们使用的产品，以满足人类社会生存和发展的需要。自然环境是人类社会生存和发展不可缺少的条件。由于各国和各地区的自然环境不同，自然环境中的自然资源的数量、质量不同，各国和各地区的自然环境差异较大，从而使得不同投资者的投资导向也存在不同。例如，与地理位置相联系的地理区位对于旅游企业的投资结构效率就具有极为重要的影响。条件优越的地理区位，至少可以促进或有利于新的旅游投资部门的出现、发展和扩张；在运输条件较好的区位，新的旅游投资部门很容易从传统的部门中分离出来并逐步扩大。环顾全球的知名企业，我们可以很容易地发现，内存几种乃至几十种产业的经济往往都会不约而同地坐落在沿海、沿湖、沿运河地区，并且这些地区的产业此生彼长，投资部门结构不断扩大。世界主要国家的产业群落往往都集中在海运、河运、湖运等极为便利的地理区位，如美国的东西海岸、日本的东海岸、欧洲的沿海以及中国的东海岸等。相反，在一些交通条件较差的地区，几千年来只存在着为数很少的几种传统产业部门。对于交通便利的地区来说，它有利于将周围的商品、信息、能源集中起来并能很方便地输送出去，从而可以成为各种物质与信息的集散地。在一个开放型的社会中，由于交通便利的地区最先接触到其他国家新的信息、新的技术、新的产品等，新的部门投资总是率先出现，然后才逐步地传导到其他地区去。如果分析一下中国新的投资部门出现的区位，我们便会发现，中国新的投资部门及其产业总是出现在沿海以及交通便利的大城市。

二、人力资源条件

人力资源条件是指包括人的数量和质量的资源条件。人是经济活动中最具有创造力和能动性的因素，任何经济活动都离不开人的活动，旅游投资活动也不例外。人力资源的多寡和质量的好坏，都会直接影响到旅游投资方向的选择和旅游投资效率的高低。社会经济的发展历程告诉我们：人是能动的、活的生产要素。

在经济全球化的大潮汹涌而至之时，旅游企业的投资活动能否有效率，旅游企业能否取得有利的竞争地位，其根本就在于旅游企业管理者对包括投资领域、投资阶段、投资规模以及特殊偏好等方面进行定性或定量描述的准确程度，在于旅游企业的投资活动由理财人员发起、操作和管理后，旅游企业员工的知识和智慧以及努力程度，在于对生产技术和工艺的先进水平以及市场信息的掌握与利用程度。而所有的这一切都离不开人的能力水平。另一方面，在世界经济活动中，知识作为一种生产投入的作用越来越重要。知识投入可以代替物质投入，从而达到节约物质资源、提高经济效率的目的，体现于人力资本和科学技术中的知识已成为经济发展的核心。知识资本是国际竞争中最重要的资本，人才成为企业兴旺发达的根本。

三、旅游投资法制条件

旅游投资法制条件，是指旅游投资的法律制度环境。有关旅游投资立法、旅游投资执法和旅游投资司法规定的旅游投资法制环境等问题，都会直接影响到旅游企业的投资活动，有关旅游投资的法律法规会对旅游投资主体及其地位、对投资方式、对投资范围、对投资者的权益等作出相应的规定。例如，有关旅游投资的立法中会规定旅游投资主体哪些可以从事投资行为，参加投资关系，在投资过程中能享受何种权利、承担何种义务和责任；会规定以何种方式投资，如直接投资、间接投资、独资经营、合资经营、合作经营、股票投资等；会规定投资范围，规定哪些产业和地区可以投资，禁止或限制哪些产业、行业和地区投资，等等。而这些都不可避免地影响到旅游企业投资的方式、投资的方向、投资的范围等，从而最终影响到旅游投资效率的提高。

四、旅游投资体制条件

旅游投资体制作为经济体制的重要内容，指的是组织、领导和管理社会投资活动的基本制度和主要方式、方法。其内容主要包括旅游投资主体如何确立，旅游投资决策制度如何选择，旅游投资利益关系如何处理，旅游投资管理权限和职责如何划分，旅游投资调控方式如何采用，以及旅游投资管理机构如何设置等问题。例如，旅游投资主体会从投资者的权、责、利方面促进或制约投资效率，旅游投资主体作为产权主体和市场主体，它实施投资行为的能力首先体现在决策能力上，决策功能贯穿于从投资项目决策到组织实施乃至项目交付使用后对投资效率的处置的全过程。改革开放以来，投资体制改革的一个重要变化，就是旅游投资主体由单一的政府向多元化转变，有利于充分发挥中央、地方、企业、其他法人和个人的投资积极性。再如，旅游投资的宏观调控方式也会对旅游投资效率产生必然的影响。不同的旅游投资主体有不同的旅游投资动机和行为特征，在旅游投资领域中，单纯的市场调节有一定的局限性和缺陷，纠正失误代价很大，没有必要的宏观调控不利于国家投资总量、结构、布局规划的实施，不利于保持国民经济和旅游业持续、稳定、健康的发展，因而需要建立科学的投资宏观调控体系，运用各种不同职能的调控手段和机制，对旅游投资主体的投资行为进行强有力的指导和调节，使投资活动有利于实现社会总需求和总供给的平衡，同样是提高旅游投资效率必不可少的。

近年来中国大量的严重的重复建设、旅游投资效率低下的现象之所以产生，主要原因是旅游投资体制不完善。当然，除了旅游投资体制外，其他方面存在的体制和政策上的不完善，也是产生重复建设、旅游投资低效率的重要原因。为了保证在重质量、讲效益的前提下加快旅游经济发展，应该从多方面采取措施，努力防止重复建设，其中最根本的是进一步深化旅游投资体制改革及其他配套改革。

参考文献

[1]申思,何惠.旅游企业财务管理.郑州:郑州大学出版社,2006.
[2]财政部注册会计师考试委员会办公室.财务成本管理.北京:经济科学出版社,2007.
[3]财政部会计资格评价中心.财务管理.北京:中国财政经济出版社,2007.
[4]何小锋,黄嵩,刘秦.资本市场运作教程.北京:中国发展出版社,2008.
[5]姚禄仕,蔡咏.中国资本市场专题研究.合肥:合肥工业大学出版社,2008.
[6]国家旅游局规划发展与财务司."十一五"期间我国旅游投资将呈旺盛增长趋势.中国旅游报,2007-11-28.
[7]刘锋.旅游投资引领旅游产业升级.中国旅游报,2007-11-28.
[8]岑成德.我国旅游类上市公司经营业绩的综合评价.旅游学刊,2006(6).
[9]杨勇.中国省级旅游业竞争力分析.山西财经大学学报,2007(10).
[10]许春晓,叶莉.我国旅游上市公司动态竞争力比较的实证研究.旅游学刊,2008(5).
[11]黎洁,赵文红.旅游企业经营战略管理.北京:中国旅游出版社,2000.
[12]胡元木,姜洪丽.高级财务管理.北京:经济科技出版社,2006.
[13]彭青,郭淳凡.旅游经济学.大连:东北财经大学出版社,2007.
[14]江勇,袁和平.宏观经济管理学.武汉:武汉大学出版社,2002.

[15]姜若愚，刘奕文．旅游投资与管理．昆明：云南大学出版社，2007.
[16]魏小安．中国旅游发展大趋势探讨．中国旅游报，2007-7-20.
[17]黄郁成．乡村旅游投资主体关系研究．旅游学刊，2007(7).
[18]李平．我国旅游投资宏观环境的优化．青岛行政学院学报，2003(5).